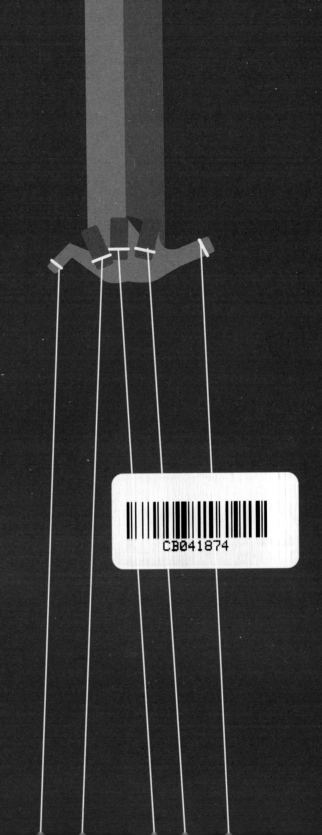

JACOB PETRY

PODER
& MANIPULAÇÃO

COMO ENTENDER O MUNDO EM 20 LIÇÕES
EXTRAÍDAS DE *O PRÍNCIPE*, DE MAQUIAVEL

COPYRIGHT © 2016, BY JACOB PETRY
COPYRIGHT © FARO EDITORIAL, 2024

Todos os direitos reservados.
Nenhuma parte deste livro pode ser reproduzida sob quaisquer meios existentes sem autorização por escrito do editor.

Diretor editorial PEDRO ALMEIDA
Coordenação editorial CARLA SACRATO
Assistente editorial LETÍCIA CANEVER
Preparação TUCA FARIA
Revisão GABRIELA DE ÁVILA
Capa e projeto gráfico OSMANE GARCIA FILHO
Diagramação REBECCA BARBOZA
Ilustração de capa adaptada de STARAS | SHUTTERSTOCK

Avis Rara é um selo Faro Editorial

Dados Internacionais de Catalogação na Publicação (CIP)
(Câmara Brasileira do Livro, SP, Brasil)

Petry, Jacob
    Poder e manipulação : como entender o mundo em 20 lições extraídas de O Príncipe, de Maquiavel / Jacob Petry. — São Paulo : Faro Editorial, 2024.

ISBN 978-85-62409-68-4

1. Comportamento humano 2. Empresas 3. Empresários 4. Machiavelli, Niccoló, 1469-1527. O Príncipe - Crítica e interpretação 5. Negócios I. Título.

16-01493	CDD-658.4012

Índice para catálogo sistemático:
1. Aplicação dos princípios de Maquiavel :
    Administração 658.4012

2ª edição brasileira: 2024
Direitos de edição em língua portuguesa, para o Brasil, adquiridos por FARO EDITORIAL

Avenida Andrômeda, 885 - Sala 310
Alphaville – Barueri – SP – Brasil
CEP: 06473-000
www.faroeditorial.com.br

*Maquiavel, fingindo dar lições aos príncipes,
deu grandes lições ao povo.*

Jean-Jacques Rousseau,
em *Do Contrato Social*

SUMÁRIO

Introdução 9
Carta de Maquiavel 14

CAPÍTULO 1
Das razões pelas quais um líder é louvado ou repudiado 16
CAPÍTULO 2
Do papel da sorte nas coisas humanas e como mudá-lo 23

CAPÍTULO 3
Do que fazer para obter prestígio e ser benquisto 31

CAPÍTULO 4
Da questão econômica – quando se deve ser generoso ou sovina . .41

CAPÍTULO 5
Da crueldade e da piedade – se é preferível ser amado ou temido . . 48

CAPÍTULO 6
Da integridade – quando e de que maneira se deve manter a palavra .57

CAPÍTULO 7
Das coisas que se deve evitar: ódio e desprezo. 65

CAPÍTULO 8
Dos assessores e assistentes 72
CAPÍTULO 9
De como escapar dos bajuladores. 77

CAPÍTULO 10
Da fidelidade daqueles que nos ajudam a conquistar o poder **83**

CAPÍTULO 11
Das alianças e apoios – quando aliados são benéficos ou não **87**

CAPÍTULO 12
Dos tipos de liderança e das suas vantagens e desvantagens **92**

CAPÍTULO 13
Dos que alcançam o poder pela popularidade................. **99**

CAPÍTULO 14
Dos que alcançam o poder por meios injustos e corruptos...... **105**

CAPÍTULO 15
Dos que alcançam o poder pela sorte ou pela força alheia....... **113**

CAPÍTULO 16
Da vulnerabilidade daqueles que se sustentam com forças alheias. **118**

CAPÍTULO 17
Da competição – o dever principal de quem quer o poder **124**

CAPÍTULO 18
Dos riscos e das dificuldades que existem na implantação
de mudanças... **130**

CAPÍTULO 19
Dos motivos pelos quais os líderes perdem seus postos e como
mantê-los **136**

CAPÍTULO 20
De como medir a força de um líder **141**

Notas... **147**
Referências bibliográficas **155**
Mensagem ao leitor **157**

PODER
& MANIPULAÇÃO

INTRODUÇÃO

Muitos anos atrás, numa fria tarde de julho, dirigi-me à biblioteca pública para retirar alguns livros. A biblioteca, como a cidade, era pequena e antiga. Pouquíssimas pessoas a frequentavam. E fazia anos, décadas talvez, que ela não recebia novos exemplares. Seu acervo era basicamente composto de clássicos. Mesmo assim, havia um limite para retirada: três exemplares por leitor.

Com medo de ficar sem livros de ficção — meus preferidos —, decidi que dos três, um, obrigatoriamente, seria de uma coleção chamada *Os Pensadores: História das Grandes Ideias do Mundo Ocidental*. E para não cair em tentação de ler apenas os romances, comprometi-me com a árdua tarefa de primeiro ler o dessa coleção. Assim, logo que cheguei em casa dei início à leitura daquele que retirara naquele dia: *Maquiavel — O Príncipe e Escritos Políticos*. Lembro que, mesmo sendo ainda um adolescente, a cada página, exclamava: "Meu Deus, como somos otários! Eles usam essas estratégias o tempo todo contra nós, sem sequer percebermos!".

Hoje, mais de duas décadas depois, o sentimento continua o mesmo: essas pessoas sabem o que funciona e o que não funciona. Seu trabalho é nos persuadir e nos manipular para tirar vantagens próprias — sua sobrevivência depende disso. E eles não vão abrir mão dessas técnicas tão facilmente. Nossa única saída é nos precaver. E para isso precisamos compreender suas estratégias, seus truques e delinear o caminho que eles percorrem para chegar até nós. Esse, ao resgatar as principais lições de *O Príncipe*, é o objetivo de *Poder e Manipulação*.

Se olharmos para o passado, veremos que muitos dos maiores expoentes da história tiraram proveito de *O Príncipe*. Shakespeare incorporou elementos da obra em peças como *Macbeth*, *Hamlet* e *A Tempestade*. Napoleão Bonaparte o considerava sua bíblia pessoal e andava com um exemplar debaixo do braço, usando-o como guia de consulta.

Mais recentemente, Tião dos Santos, quando ainda um catador de material reciclável no Jardim Gramacho, no Rio de Janeiro, diz ter encontrado uma cópia no lixo. Ela estava suja e manchada. Mesmo assim, Tião a levou para ler. Ele diz que, depois da leitura, nunca mais foi o mesmo. Meses depois, inspirado no livro, criou a Associação de Catadores de Material Reciclável de Jardim Gramacho. Nos anos seguintes, tornou-se uma celebridade. Em 2011, ganhou o prêmio de Personalidade do Ano do jornal *O Globo*. Estrelou uma campanha da Coca-Cola, e o documentário *Lixo Extraordinário*, do qual foi o protagonista, chegou a concorrer ao Oscar — o maior prêmio do cinema mundial.

Mesmo assim, o conteúdo verdadeiro desse livro continua sendo desconhecido para a grande maioria. Em parte, isso se explica pela polêmica em que ele sempre esteve envolvido. Muitos o condenam porque consideram seus princípios ruins, perversos e amorais. Alguns simplesmente o ignoram e o desprezam pela sua fama. Outros, a pequena minoria, o estuda e o usa como cartilha para abrir seu caminho ao topo do poder.

Aqui você encontrará vinte das suas lições mais importantes – são a essência da obra, quase sua totalidade, sem as partes de interesse absolutamente histórico, numa linguagem direta, clara e moderna. O que você vier a fazer com elas, será uma decisão cuja responsabilidade é totalmente sua.

A PUBLICAÇÃO E SUA PERSEGUIÇÃO

A versão original de *O Príncipe* foi escrita em 1513 e publicada em 1532, cinco anos após a morte de seu autor. Em 1959, ela entrou para o índice de livros proibidos da Igreja Católica. Mas esse era apenas o começo da discriminação e difamação daquele que se tornaria, sem dúvida, o livro mais polêmico, controverso e também um dos mais influentes e importantes da história.

A obra é um pequeno tratado de como um príncipe (o líder e empreendedor moderno) deve agir para conquistar o poder e se manter nele. A verdadeira intenção de Maquiavel ao escrevê-la ainda é amplamente discutida, assim como, lógico, o teor de seu conteúdo.

Muitos estudiosos afirmam que *O Príncipe* é o pensamento de uma época e, portanto, não pode ser interpretado fora do contexto histórico em que foi escrito. A meu ver, nada pode ser mais equivocado. Acredito, sem sombra de dúvida, que a verdade é exatamente o contrário: para entender de fato a obra de Maquiavel é preciso tirá-la do contexto em que foi escrita.

Uma instituição pública, empresa ou comunidade não existe sem as pessoas que a compõem. Por isso, se você quiser estudá-la, precisa analisar seus líderes, diretores, funcionários e até mesmo clientes e cidadãos. Ou seja: você deve estudar o caráter da natureza humana por trás da instituição, empresa ou comunidade que deseja conhecer. Em *O Príncipe*, acima de tudo, Maquiavel trata da natureza humana. Os comportamentos e as atitudes descritas por ele, e que ficaram conhecidas como maquiavélicas, na verdade não são dele. Maquiavel não as inventou. Ele as detectou com enorme clareza nas pessoas a sua volta e simplesmente teve a coragem de descrevê-las com detalhes e precisão, sistematizando-as e transformando-as em engenharia operacional que muitos passaram a usar para pavimentar seu caminho ao poder.

Longe das teorias políticas, filosóficas e religiosas de seu tempo, Maquiavel percebeu, nas atitudes dos líderes, nos governos, nas religiões e em outros relacionamentos humanos, que a realidade apontava modos de agir muito distintos das belas teorias da ética, da moral e dos bons costumes com que outros filósofos tratavam do tema. E seu grande trunfo foi mostrar como o mundo de fato é, em contraposição àqueles que mostravam como ele deveria ser.

Hoje, quinhentos anos depois, as atitudes descritas por Maquiavel continuam presentes em todos os setores da humanidade. Você pode percebê-las nas ações dos líderes políticos, religiosos, empresariais e culturais. Elas estão presentes nos púlpitos das igrejas, nas prefeituras, nos fóruns judiciais, nas assembleias legislativas, nos senados, nos palácios, nas conversas, nas salas de reuniões das grandes empresas, corporações e entidades de classes e até mesmo nos relacionamentos entre casais.

Não fosse assim, viveríamos num mundo sem corrupção, sem injustiça e sem violência. Os governos seriam para o povo e os políticos sempre cumpririam suas promessas; as empresas colocariam o interesse pelos clientes sempre à frente do interesse pessoal e do lucro e o cidadão comum jamais agiria com falsidade, egoísmo, brutalidade e deslealdade. Quem acredita que essa é a realidade, para usar as próprias palavras de Maquiavel, "é ingênuo e está fadado antes à ruína do que à salvação".

POR QUE RETOMAR O CLÁSSICO?

Por que alguém deveria investir seu tempo para ler uma obra tão discriminada e mal-afamada? Que benefícios um cidadão de bem poderia tirar de um livro que ao longo dos séculos fez com que o nome do seu autor se tornasse sinônimo de manipulação, falsidade, frieza e até mesmo maldade?

Este livro fará três coisas por você. A primeira: ele mudará a forma como você *vê* o mundo. Sua leitura o levará a entender como as coisas a sua volta de fato são. Não é uma questão de aplicar ou não os princípios abordados por Maquiavel, mas de entender como muitos indivíduos, sobretudo nos níveis mais elevados de poder, agem. Por não compreender o comportamento e as atitudes dessas pessoas, facilmente nos tornamos objeto de manobra delas. Ao conhecê-las e compreendê-las, podemos nos precaver e nos defender.

A segunda diz respeito a como você irá se *sentir* daqui para a frente. Muitas vezes, a ignorância parece uma bênção. Quando não vemos o problema, parece que não precisamos lidar com ele. Mas não é assim. Não compreender como as coisas funcionam e por que as pessoas agem de certa maneira nos torna impotentes e nos coloca numa situação de vítima, como se houvesse uma eterna conspiração contra nós. Ao compreendermos que o modo como as pessoas agem não tem nada a ver conosco, mas com a maneira como elas são, e que elas agem assim com todo o mundo, nossa percepção muda drasticamente.

Por último, você estará pronto e livre para definir sua maneira de *agir*. Nos vinte capítulos deste livro, existem inúmeras lições e princípios que poderão mudar sobremaneira seu modo de agir daqui em diante, tanto na sua vida pessoal como nos seus negócios. Na medida em que você compreender o contexto a sua volta, poderá começar a atuar de acordo com essa compreensão. Você não precisa ser uma pessoa cruel e má, mas deve saber o que fazer perante a crueldade e a maldade. E este livro lhe dará essa noção, não só como líder, mas também como pessoa.

Enfim, este é um livro escrito para ajudá-lo a entender as estratégias que muitas pessoas usam para manipular seu caminho ao poder e para manter-se nele, muitas vezes à sua custa. Ao compreender os princípios descritos aqui, você estará preparado para se defender e se precaver disso. Mas também para agir com mais ousadia, atrevimento e astúcia diante da vida.

Jacob Petry
Nova York, inverno de 2016

CARTA DE MAQUIAVEL

Ao Magnífico Lourenço de Médicis

É costume daqueles que desejam para si a simpatia de um príncipe presenteá-lo com os pertences que lhe são mais caros ou com aqueles com que ele mais se encanta. Desse modo, lhe são presenteados cavalos, armas, tecidos bordados a ouro, pedras preciosas e demais ornamentos dignos de sua grandeza.

Querendo eu também ofertar-lhe uma prova de minha admiração, não encontrei, entre as minhas posses, nada que estime mais do que meu conhecimento sobre as ações dos grandes homens, adquirido por uma longa experiência das coisas atuais e uma continuada observação e análise das antigas; as quais tendo eu, com muito afinco, detidamente estudado e examinado, remeto agora à Vossa Magnificência, condensadas num pequeno volume.

Embora saiba que esta obra é indigna de sua consideração, espero, mesmo assim, que aceite meu presente; uma vez que não poderia oferecer-lhe nada maior do que lhe propiciar um meio de adquirir em tempo muito curto o aprendizado de tudo quanto, em muitos anos e à custa de tantos atropelos e perigos, tenho aprendido.

Não enfeitei esta obra com frases elaboradas e pomposas, tampouco a enchi de floreios ou lisonjas, nem mesmo a decorei com ornamentos externos, com os quais muitos ilustram suas próprias obras; pois não desejei que nenhum outro fosse seu ornato e nada a *tornasse agradável, a não ser a variedade da matéria e a importância de seu conteúdo.*

Espero que não considereis presunçoso um homem de baixa condição social escrever a respeito das atitudes dos príncipes. Quando pintores querem retratar a paisagem, eles se postam na planície para captar as montanhas; e sobem nos picos para apreender a vista das planícies. Da mesma forma, para melhor captar a natureza do povo é preciso ser príncipe; e para melhor compreender a do príncipe, é preciso ser povo.

Receba, portanto, Vossa Magnificência, este singelo presente com o mesmo espírito que me anima a enviá-lo. Lendo-o e considerando-o com atenção, nele reconhecereis meu grande anseio de que ele eleve-se à majestade que a fortuna e que os seus outros atributos lhe prometem. E se Vossa Magnificência, algum dia, do píncaro de sua magnanimidade, voltar o olhar para cá embaixo, saberá o quanto me degrada suportar minha sorte, infinda e funesta.

CAPÍTULO 1

DAS RAZÕES PELAS QUAIS UM LÍDER É LOUVADO OU REPUDIADO

DE O *PRÍNCIPE*

Acredito ser sensato, aqui, considerar como um príncipe deve comportar-se com seus súditos e amigos. Sei que muitos já escreveram sobre o assunto e sei também que serei julgado presunçoso por manifestar minha opinião, especialmente por me propor a tratar o tema com uma abordagem diferente daquela com a qual outros a trataram. No entanto, como meu objetivo é escrever algo realmente útil ao leitor interessado, penso ser melhor perseguir a verdade factual, debruçando-me sobre as coisas como elas realmente são, em vez de filosofar sobre visões imaginárias.

> "Existe uma distância tão grande entre como se age e como se deveria agir que aquele que despreza o mundo real para viver num mundo imaginário encontrará antes sua ruína do que sua salvação."

Muitas pessoas, ao discorrer sobre este tema, descreveram sistemas de governos e tipos de sociedades que até hoje ninguém viu e nem conheceu em parte alguma do planeta. Essas pessoas parecem não perceber que existe uma distância tão grande entre como se age e como se deveria agir, que aquele que se apega ao que deveria ser feito em vez do que ao que se faz, encontrará antes sua ruína do que sua salvação. E alguém que quiser praticar a bondade em tudo o que faz está fadado a arruinar-se, entre tantos que são perversos e maus.

Sendo assim, é necessário a um príncipe que quiser assumir uma posição de liderança e poder – e quiser manter-se nela —, acima de tudo, conhecer a fundo a iniquidade humana e aprender a poder ser mau e se utilizar ou não da maldade conforme a necessidade e as circunstâncias.

2.

Deixando de lado, então, todas as coisas imaginárias e utópicas que foram ditas sobre o exercício da liderança e do poder e encarando a realidade, permita-me observar que sempre quando alguém fala ou escreve sobre uma pessoa, sobretudo um príncipe, por ocupar lugar de destaque, faz referências a certas qualidades que o levam a ser louvado ou repudiado.

Alguns são considerados generosos, outros, mesquinhos; alguns honestos, outros, corruptos; alguns leais, outros, falsos; sábios ou ignorantes; inteligentes ou idiotas; sensíveis ou truculentos; humildes ou arrogantes; religiosos ou céticos; egocêntricos ou altruístas e assim por diante.

Sei que qualquer pessoa, certamente, concordará que, de todas as qualidades enumeradas, seria louvável que um príncipe possuísse apenas aquelas que consideramos boas. Mas, como a condição da natureza humana simplesmente não permite possuir todas, nem a sua prática consistente, se deseja ser louvado, um príncipe deve ser astuto o suficiente para evitar os defeitos que o impediriam de alcançar seu objetivo; e praticar as virtudes que não afetem negativamente sua realização; mas quando isso não for possível, é coerente que as ignore e siga o curso que se fizer necessário.

Isso se justifica porque, entre as pessoas, o desejo de conquista do poder é algo muito natural e comum. E aqueles que alcançam o sucesso serão sempre louvados. Os que fracassam por não alcançar o que desejam serão sempre recriminados e condenados.

> "Há muitas características na natureza humana que parecem defeitos, mas, uma vez analisadas bem a fundo, provam ser virtudes. E há outras que parecem virtudes, mas quando colocadas em prática no momento correto se mostram defeitos."

Por esse motivo, o príncipe que deseja ser louvado, como já falei, não deve se sentir culpado por incorrer em certos vícios para realizar o objetivo ao qual se propôs. Pois, se considerar bem tudo, há muitas características na natureza humana que parecem virtudes, mas, se praticadas, o destituiriam do posto, e outras que parecem defeitos mas que, se praticadas, trazem lhe conforto e segurança.

MAQUIAVEL
CAPITULO XV
Das razões pelas quais os homens e, sobretudo, os príncipes são louvados ou vituperados

ANÁLISE

Um dos segredos da vida é compreender que, acima de tudo, ela é um jogo e que as chances de vencer serão muito pequenas se não conhecermos as regras desse jogo. Mas há algo estranho: ninguém nos ensina essas regras. Nossa educação vive em uma cultura morta e ultrapassada que insiste em explicar infinitamente a Revolução Francesa, a tabela periódica, os motivos que levaram à descoberta da América, o princípio de Arquimedes, a teoria da evolução e assim por diante. Passamos entre dez e quinze anos na escola e não aprendemos a enfrentar as batalhas diárias da vida de maneira prática, objetiva e realista. Não aprendemos as verdadeiras regras do jogo da vida. E para quem quer sobreviver no complexo e dinâmico ambiente dos dias atuais, talvez nenhum requisito seja mais indispensável do que compreender essas regras claramente.

Sem conhecer as regras, não temos como participar do jogo. Assim, a grande maioria dos indivíduos se torna expectadora. Aqueles que descobrem as regras e as aplicam se tornam os protagonistas no cenário. Eles estão em campo, onde está toda a diversão, aventura, glória e riqueza. Enquanto os demais, a esmagadora maioria, fica na arquibancada, assistindo a esses poucos se divertirem em vidas plenas e abundantes. E pior ainda: quase sempre pagam para assisti-los.

Mas o que é conhecer as regras do jogo? Falando de maneira geral, conhecer as regras do jogo é entender a realidade como ela de fato é. Sem isso, viveremos como cegos: tateando no escuro. Não só tropeçaremos em nossas próprias atitudes por constantemente reagirmos da maneira errada como, por pura ignorância e ingenuidade, cairemos em praticamente todas as armadilhas da existência.

Esforçar-se por abrir os olhos para a realidade como ela é, desvencilhando-nos de todo apego e ilusão ingênua sobre o mundo e, acima de tudo, sobre as pessoas é o começo de qualquer transformação humana. A coragem de encarar a realidade sem perder a fé e a esperança de que um mundo melhor é possível é o que separa o verdadeiro líder do manipulador corrupto.

Quanto maior for nossa compreensão das coisas, menos fracassos, frustrações e desapontamentos teremos. Quanto melhor compreendermos as pessoas, quanto mais entendermos suas capacidades, suas aspirações, seus talentos, suas intenções, seus truques e suas motivações secretas, mais bem preparados estaremos para ajudá-las (ou para nos defender delas). Por isso, desenvolver a habilidade de entender o que de fato motiva as pessoas e saber lidar de maneira adequada com essa compreensão é a lição mais importante que você pode aprender no jogo da vida. Pare e pense nisso por um momento!

Nossa tendência habitual é reagir a tudo com base nos valores pessoais que cultivamos. Tudo o que estiver de acordo com nossos valores pessoais, nós consideramos bom, e o que não estiver, consideramos ruim. No mundo do poder e dos negócios isso quase sempre é um erro terrível por dois motivos básicos:

1º Porque ao julgarmos tudo de acordo com nossos valores pessoais cometemos o erro de pensar que todos cultivam os mesmos valores que nós e que as ações deles estarão sempre de acordo com esses valores. E, nesse caso, quase sempre nos frustramos, porque as pessoas raramente cultivam os mesmos valores que nós e suas ações sempre estarão de acordo com os valores delas, não com os nossos.

2º Porque agir sempre com base nos mesmos princípios nos torna extremamente previsíveis e, por consequência, vulneráveis diante daqueles que, por mesquinharia, inveja, ódio ou ambição, desejam nossa ruína.

Por isso, se você busca poder, prestígio e sucesso, tem de compreender que nada do que existe ou acontece é completamente bom ou ruim, que nada é tão mau que não tenha um lado bom ou tão bom que não tenha algo mau. É preciso que você tenha sempre em mente que, não importa o quanto uma coisa pareça inútil ou prejudicial, se estudá-la bem, se analisá-la detalhadamente, encontrará uma virtude, um ponto forte, algo que pode ser explorado a seu favor.

Pense sobre a morte, por exemplo: ela é boa ou ruim? Para a maioria das pessoas ela é extremamente indesejável e, portanto, ruim. Mas, na verdade, ela não é boa nem ruim. A morte é um evento inevitável e necessário. Imagine como seria o mundo se todos os seres, incluindo os humanos, vivessem para sempre. Essa ideia é quase inconcebível. Portanto, a morte tem o lado ruim — a perda de nossos entes queridos — e o lado bom — pois possibilita, entre outras coisas, a regeneração das espécies.

Desse modo, a partir de hoje, seja você quem for, onde quer que você viva e qualquer que seja sua ocupação, em vez de olhar para as coisas a sua volta como boas ou ruins, desenvolva o hábito de olhá-las como eventos, circunstâncias, causas e consequências.

Por mais simples que esse costume possa parecer, ele provocará uma tremenda revolução em sua vida. Ele fará com que você passe a fazer parte do pequeníssimo grupo de pessoas com a habilidade de ver as coisas como elas realmente são e, a partir disso, mudá-las para como você gostaria que elas fossem.

Ver as coisas como de fato são e não como você gostaria que elas fossem lhe trará enorme sabedoria e poder de discernimento. Existem três vantagens claras e definidas em ver as coisas como elas são, e elas lhe darão essa sabedoria e poder de discernimento:

A primeira é a de que você deixará de interpretar qualquer atitude de alguém como uma afronta pessoal. As pessoas agem e reagem para defender seus valores e desejos próprios, e não, necessariamente, para atacar os teus. Ao compreender isso, você entenderá que conhecer a motivação das pessoas é uma das coisas mais importantes da vida. Se você entender seus valores e a razão maior que as motiva, poderá prever suas ações, o que aumentará muito seu poder sobre elas. Ao prever suas atitudes, poderá agir agora de acordo com a resposta que você deseja delas no futuro.

A segunda vantagem é que você abrirá mão da rigidez que existe naqueles que enxergam o mundo apenas por duas extremidades: o preto ou o branco. Aqueles que percebem a realidade assim perdem toda a beleza e magia que existe no azul, no amarelo, no vermelho, no verde e seus infinitos matizes. Pessoas que alcançam prestígio, poder e riqueza são flexíveis e maleáveis. Elas entendem que as regras que valem para uma circunstância deixam de existir quando ela desaparece. Elas sabem também que uma circunstância nunca se repete exatamente da mesma maneira. Por isso, elas nunca se apegam a fórmulas fixas, rígidas e desgastadas. Elas são altamente sensíveis às circunstâncias presentes e seguem seu caminho com as mesmas características da água:

adaptando-se rapidamente ao contexto, mudando sua forma a todo instante, mas sem abrir mão de sua essência.

COMPREENDA: pessoas rígidas e inflexíveis, num primeiro momento, podem nos passar a impressão de força e poder. Mas essa impressão não dura muito tempo. Logo elas são superadas e deixadas para trás. Por outro lado, uma pessoa flexível e maleável, embora muitas vezes seja criticada por isso, terá enormes chances não só de chegar ao poder, mas de se manter nele, porque ao se adaptar às circunstâncias ela se reinventa sem cessar. Se você deseja seguir em frente, é importante que não esteja preso.

A terceira vantagem de se ver as coisas como elas são é a de que você se tornará uma pessoa mais autêntica. Valores e princípios costumam ser herdados do mundo exterior: família, religião e cultura. Ao seguir esses valores, muitas vezes, abrimos mão daquilo que realmente pensamos e desejamos e, com isso, reprimimos nosso verdadeiro eu. Além disso, quem depende demais das ideias e convicções dos outros não terá ideias e convicções próprias e, por isso, dificilmente terá a iniciativa necessária para exercer uma liderança forte e duradoura indispensável para a conquista do poder.

LEMBRE-SE: o poder e a liderança que levam ao sucesso e à riqueza sempre são consequência da habilidade de preencher um vazio, de suprir uma demanda que existe nas pessoas ou no universo. Se você não tiver a habilidade de ver o mundo como ele realmente é, se não compreender as regras do jogo, se medir tudo por seus valores pessoais, se ignorar o que motiva os outros e pensar apenas nas suas ambições pessoais, nem sequer conseguirá perceber esse vazio, quem dirá preenchê-lo.

CAPÍTULO 2

DO PAPEL DA SORTE NAS COISAS HUMANAS E COMO MUDÁ-LO

DE O *PRÍNCIPE*

Percebi que muitos têm pensado, e ainda pensam, que o mundo é governado por Deus e pela sorte de tal maneira que as pessoas, apesar de toda sua inteligência, praticamente não têm influência sobre os rumos que sua vida toma. Por esse motivo, elas acreditam que não é necessário nem mesmo incomodar-se muito com as coisas do mundo, apenas deixar-se governar por elas. Essa opinião ainda tem enorme aceitação pela complexidade e grande variação das coisas que podem ser observadas diariamente na conjetura humana e no contexto a nossa volta.

Às vezes, quando penso nisso, me sinto inclinado a também aceitar esse tipo de opinião. Mas quando analiso melhor a questão, e para não negar nosso livre-arbítrio, creio que se pode admitir ser verdade que Deus e a sorte determinam a metade de nossas ações, mas que ainda assim ela nos deixa governar a outra metade.

> "Se o acaso determina a metade das nossas ações, ainda assim resta-nos a outra metade para controlar."

A meu ver, a sorte pode ser comparada a um desses rios impetuosos que em tempos de cheias alagam as planícies, derrubam as árvores, os edifícios e arrastam montes de terra. Diante de sua força, tudo foge do controle, tudo cede ao seu ímpeto, sem poder se opor.

Assim são as coisas da natureza. Porém, isso não significa que, quando retorna a calma, não possamos fazer reparos e barragens para que, em outra cheia, aquele rio impetuoso tenha suas águas direcionadas pela engenhosidade humana e assim sejam desviadas da cidade pelos canais e pelas barragens. O seu ímpeto não agirá livremente e será muito menos danoso.

Do mesmo modo acontece com a sorte e o acaso; o seu poder se manifesta livremente apenas onde não se prepara nem se organiza nenhum tipo de resistência.

Se voltarmos nossos olhos para a Itália do meu tempo, quando foi sede e origem de muitas revoluções, veremos que ela era como uma região sem diques e sem nenhuma barreira. Se ela fosse, contudo, convenientemente protegida como a Alemanha, a Espanha e a França, as cheias não causariam os mesmos estragos ou até mesmo não se teriam verificado. Dito isso, acredito já ser o suficiente a respeito dos obstáculos que podem ser opostos à sorte, em termos gerais.

2.

Um dos motivos que nos levam a atribuir tanto poder à sorte é o fato de que, quando analisamos a história dos grandes homens, em muitos casos, é possível ver o sucesso de uma pessoa hoje e sua ruína amanhã. Tudo sem ter havido mudanças em seu caráter, em suas atitudes e, tampouco, em suas habilidades.

Julgo que a razão disso é que quando o sucesso depende tão somente das circunstâncias, e não do indivíduo, ele se perde sempre que as circunstâncias mudam. Quando a circunstância é sua parceira, seus resultados serão a glória, mas quando ela o abandona, o que sempre acaba por acontecer, seu destino inevitável será a ruína.

> "A sorte depende muito da habilidade de combinar a nossa ação com o que é exigido em cada momento."

Dessa forma, aquilo que conhecemos como sorte depende muito da habilidade de combinar nosso modo de agir com o que é exigido pelas particularidades de cada momento. Aquele que observar as particularidades do momento, e souber agir de acordo, será beneficiado por elas. Aquele que não as observar encontrará enormes problemas e será visto como desprovido de sorte.

Por isso, acredito que será feliz aquele que combinar seu modo de agir com as particularidades do momento, e infeliz aquele cujas ações delas divirjam.

3.

As pessoas sempre buscam poder, glória e riqueza. Seguem, todas elas, os mesmos objetivos, mas fazem isso agindo de modos diferentes. Algumas agem com precaução, outras com impetuosidade; umas optam pela violência, outras pela astúcia; umas escolhem a paciência, outras a agitação; e assim por diante. E cada uma pode, a partir destes diversos modos, alcançar seus objetivos.

Nota-se, entre dois indivíduos cautelosos que almejam o mesmo objetivo, que, apesar de terem o mesmo comportamento, um pode alcançá-lo, e o outro, não. Do mesmo modo, uma pessoa cautelosa e a outra impulsiva podem obter os mesmos resultados, apesar de terem comportamentos diferentes. A razão disso se explica porque os resultados de cada um dependem das particularidades de cada época, bem como de se seu modo de agir se conforma ou não com elas.

Assim, como ficou dito, duas pessoas agindo diferentemente podem produzir o mesmo resultado, e no caso de duas agindo da mesma forma, uma pode alcançar o êxito e a outra não. Disso também dependem as diferenças de prosperidade. E a razão é a variação do que é certo e do que é errado, que depende das circunstâncias de cada momento.

Se um príncipe age com cautela e paciência e se, naquele momento, as circunstâncias exigem cautela e paciência, será bem-sucedido. Mas se as circunstâncias mudarem, exigindo decisões e atitudes rápidas, e ele continuar agindo com cautela e paciência, na certa fracassará. E isso tão só porque não alterou o seu modo de agir quando as circunstâncias mudaram.

4.

Ninguém, por mais sábio que seja, consegue se ajustar facilmente a mudanças radicais. As razões para isso são duas: nossa dificuldade de nos desviar daquilo a que nos impele nossa natureza e que nos faz agir de certo modo, muitas vezes, alheio a nossa vontade; a outra razão é que, quando prosperamos por certo tempo seguindo por um caminho, no momento em que as circunstâncias mudam, não conseguimos nos convencer a abandoná-lo a tempo.

O príncipe cauteloso, no momento em que é necessário ser impulsivo, por exemplo, não consegue sê-lo e por isso fracassa. Se mudasse de natureza, conforme as exigências do tempo e das coisas, não fracassaria e, assim, sua sorte não mudaria.

Concluo, portanto, afirmando que, como as circunstâncias mudam e o príncipe conserva, com obstinação, seu modo de agir, ele será beneficiado pela sorte enquanto seu modo de agir for apropriado às exigências do momento. Quando as circunstâncias mudarem e suas ações não forem mais adequadas para o momento, ele conhecerá o fracasso. E a isso chamamos de falta de sorte.

Estou convencido também de que é melhor ser ousado do que cauteloso, porque a sorte é feminina e para dominá-la é preciso saber flertar e seduzi-la. Também é reconhecido que ela se deixa seduzir mais pelos amantes ousados do que por aqueles que procedem com cautela e frieza. Conclui-se daí, ainda, que a sorte, como a mulher, é sempre mais amiga dos jovens, porque são menos cautelosos, mais ousados e impulsivos e a dominam com maior audácia e voracidade.

> **MAQUIAVEL**
> CAPÍTULO XXV
> *De quanto pode a sorte nas coisas humanas e*
> *de que maneira se deve resistir*

ANÁLISE

Quando uma pessoa avança e conquista um certo nível de sucesso, sua tendência é se apegar a essa conquista e criar raízes nela. O sentimento ingênuo de que agora ela domina o jogo toma conta. Ela olha para trás, recolhe as ações que criaram essas conquistas e as transforma em filosofia de vida. O passado transforma-se numa densa neblina que a cega e ofusca as transformações no presente. Aos poucos, a repetição substitui a inovação. A mente se engessa, entra em decadência e, por fim, cai em colapso.

Em geral, só percebemos o problema quando aparece um novo competidor, alguém mais adequado ao momento e que não respeita tradições, doutrinas e filosofias, que introduz novas regras e ferramentas ao jogo. Então, rapidamente, tudo muda, e talvez venhamos a compreender o quanto fomos insensíveis às circunstâncias, o quanto nossa visão de mundo e a resposta que damos a ele estava desatualizada. E nesse momento, como os dinossauros da pré-história, nos vemos pesados demais para nos defender dos cataclismos da mudança. E sem tempo para reagir, somos eliminados do processo num único golpe.

ENTENDA: nos dias atuais, as circunstâncias mudam num piscar de olhos. Se você se apegar demais às conquistas e estratégias do passado correrá um tremendo risco de ser excluído do jogo a qualquer momento. Grandes líderes que se perpetuaram no mundo da política, dos negócios, dos esportes, das artes e da cultura se destacaram não por possuirem mais talento, sorte ou conhecimento que seus pares, mas porque foram capazes de se adaptar com enorme facilidade às mudanças de contexto. Eles desenvolveram um radar capaz de detectar o novo, o que criava a possibilidade de explorar o futuro, e não apenas o passado e o presente. É dessa forma que a inovação nasce, as oportunidades se oferecem para serem aproveitadas e o sucesso acontece.

Essas pessoas entendem que sucesso não é mais possível — e talvez nunca tenha sido — apenas por meio da aprendizagem de um conjunto de ideias, regras e princípios que devem ser seguidos com a rigidez e disciplina de uma dieta ou de uma receita. Não há fórmula mágica para o sucesso. Ideias, regras e princípios servem apenas como ferramentas, que, se não forem usadas no contexto certo, não servem para nada.

Nestes tempos velozes e fugazes, conhecimento, teorias, princípios e até mesmo a experiência podem ser extremamente limitados. Ninguém, por mais genial que seja, possui inteligência, experiência, formação e habilidade natural para prever com segurança absoluta os eventos futuros. Nenhum pensamento, por mais acurado que seja, consegue nos preparar para o caos das infinitas possibilidades que se apresentam a cada momento. A única segurança que podemos criar é desenvolver a habilidade de nos adaptar ao imprevisível assim que ele se manifestar.

O ponto de partida para desenvolver essa habilidade é entender que não temos controle sobre grande parte do que acontece conosco. Estudos apontam que entre 85% a 90% do que nos acontece foge completamente do nosso domínio. Pense sobre sua vida: ao nascer, por exemplo, você não teve controle sobre quem seriam seus pais, o ano e o lugar em que você nasceu, o tipo de influência que você teve nos primeiros anos de vida, a escola onde foi alfabetizado, o contexto que definiu suas amizades. Essas coisas, todas de extrema importância, simplesmente se impõem a você.

O passo seguinte é aceitar que todos nós temos uma determinada margem de controle sobre a existência, o que nos torna os únicos responsáveis pela maneira como nossa vida se desenvolve ao longo dos anos. Compreenda: o nível de poder e sucesso que qualquer indivíduo alcança não é consequência dos fatores sobre os quais ele não tem controle, mas da maneira como ele age com os fatores sobre os quais ele tem controle. Desenvolver poder e liderança, então, é criar a habilidade não só de exercer o poder sobre essa pequena margem de domínio que temos, mas também de expandi-la. E o modo de fazer isso é desenvolver controle sobre si mesmo.

Como escreveu Krishnamurti:

> A transformação do mundo é provocada pela transformação de si mesmo. Para haver transformação, o autoconhecimento é essencial; sem saber o que você é, não há base para um pensamento correto, e sem conhecer a si mesmo, não há transformação. O indivíduo precisa se conhecer como ele é, não como deseja ser. Pois aquilo que ele deseja ser é apenas um ideal e, por isso, fictício, irreal. Só aquilo que ele verdadeiramente é pode ser transformado, não aquilo que ele deseja ser.
>
> Conhecer-se como se é requer uma mente extraordinariamente alerta, porque o que se é está sofrendo constante transformação e mudança: e para segui-lo depressa a mente não deve estar presa a nenhum dogma ou crença particular, a nenhum padrão de ação. Se quiser saber o que você é, não pode imaginar ou acreditar em algo que você não é. Se eu sou ganancioso, invejoso, violento, um ideal de não ganância é de pouco valor. O entendimento do que você é – seja feio ou bonito, bom ou ruim –, sem distorção, é o início da virtude. A virtude é essencial, pois ela proporciona liberdade.

Todo poder vem de dentro. E se você tem consciência de quem você é; se tem consciência daquilo em que é bom e daquilo em que não é; se conhece suas forças e sabe como explorá-las; se sabe onde estão suas fraquezas e como controlá-las; se é capaz de entender as pessoas e ter uma ideia clara do que as motiva; mesmo que não consiga ter controle absoluto sobre o contexto a sua volta, o simples fato de estar consciente de tudo isso lhe dará uma enorme vantagem sobre a maioria que o ignora.

Através desse processo — de saber quem você é, de compreender os outros, de entender a maneira como as pessoas agem e os motivos pelos quais o fazem —, sua chance de cometer erros bobos e ingênuos que possam destruir seu poder e sucesso se reduz significativamente. Quanto menos você se apegar a fórmulas fixas, maior será sua capacidade de adaptar o pensamento às circunstâncias do momento e mais eficaz e realista serão suas respostas a essas circunstâncias. Portanto, a partir de hoje, liberte-se de apegos desnecessários, descarte velhas técnicas, velhos métodos, fórmulas e filosofias ultrapassadas e em seu lugar desenvolva um radar para detectar os problemas e as oportunidades que estão por vir. Adapte-se rápida e constantemente ao contexto. Seja inusitado. Coloque-se na vanguarda. Esteja sempre em busca de algo que combine mais com a realidade atual do que com aquilo que já existe. Quando fizer isso, sua mente se tornará alerta e você passará a ver oportunidades onde a maioria absoluta só vê crises e obstáculos.

CAPÍTULO 3

DO QUE FAZER PARA OBTER PRESTÍGIO E SER BENQUISTO

DE O *PRÍNCIPE*

De todas as ações e virtudes de um príncipe, nada confere maior prestígio do que realizar grandes obras e servir, ele próprio, como raro modelo para seu povo.

Um exemplo que ilustra bem isso é Fernando II de Aragão, rei da Espanha, também conhecido como o Rei Católico. Começando como um líder fraco e insignificante, Fernando II, pela fama e pela glória conquistados, ganhou notoriedade como o primeiro e mais importante dos reis cristãos da história. E se considerarmos as suas ações, veremos que são todas grandiosas, sendo algumas até mesmo extraordinárias.

Assim que assumiu o reinado, Fernando invadiu Granada e a transformou na base de seus domínios. No começo, conduziu a luta sem chamar atenção, evitando causar qualquer tipo de alarde. Com isso, conseguiu manter os barões de Castela ocupados com a guerra, enquanto implantava, sem resistência, as mudanças que desejava, conquistando fama e autoridade sobre eles sem que se apercebessem disso.

Com a ajuda do povo e da Igreja, que lhe enviava elevadas somas de dinheiro, Fernando pôde recrutar e manter seus exércitos durante os onze anos da guerra contra Granada. Ao mesmo tempo, firmava as bases de sua reputação como grande militar, com a qual se distinguiu nos anos seguintes.

Além do mais, sempre se utilizando da religião como pretexto, Fernando preparou-se para projetos ainda mais audaciosos. Num deles, adotou uma política de piedosa crueldade para expulsar e libertar seu reino dos judeus.

Sob o mesmo argumento, invadiu a África, marchou em expedição pela Itália e, mais tarde, invadiu a França, sempre fazendo acordos e alianças que aumentavam seu reino, seu poder e prestígio.

E apesar da conduta duvidosa de suas ações, elas eram conduzidas de tal forma — uma após outra, sempre numa sequência ascendente — que ninguém sequer cogitava questioná-las, muito menos agir contra ele.

Com isso, Fernando só fazia aumentar sua admiração e seu prestígio, ao mexer com os ânimos e a expectativa de todos, que aguardavam empolgados o sucesso final de cada um dos seus extraordinários feitos.

Analisando a trajetória de Fernando II, pode-se afirmar que, mesmo não tendo escrúpulos e simplesmente realizando projetos ousados e colocando-se sempre como exemplo, ele tornou-se um dos líderes mais prestigiados do seu tempo.

2.

Além de realizar grandes feitos, convém ainda ao príncipe, que pretende obter grande prestígio, dar exemplos raros quanto ao seu governo.

Um bom modelo disso foi Bernabó de Milão. Sempre que surgia a oportunidade, quando alguém de seu governo fazia algo extraordinário, fosse bom ou ruim, Bernabó tinha um método de compensar ou punir essa pessoa. Ele o fazia de tal modo que a ação gerasse grandes comentários e, assim, servisse de estímulo ou de alerta para os demais.

O foco do príncipe deve estar constantemente voltado no sentido de, em cada atitude e acima de tudo, procurar conquistar para si o prestígio e a reputação de uma pessoa grandiosa e marcante.

Outra estratégia que traz prestígio ao príncipe é ter sempre uma posição clara a respeito das coisas, mostrando-se um verdadeiro amigo ou um inimigo honesto. Com isso, quero dizer que ele deve, sem nenhuma restrição, declarar-se aberta e francamente a favor de uma ideia ou pessoa em oposição à outra.

Esteja atento, pois, ao contrário do que muitos pensam, assumir uma posição claramente em favor de alguém é sempre melhor do que manter-se neutro.

Imagine que dois amigos seus entrem em conflito. Apesar de serem seus amigos, eles também são seus rivais. A força e o poder deles sempre serão de tal ordem que, no final, o vencedor deverá ser temido ou não por você. Em qualquer uma das duas situações – se terá que temê-lo ou não —, sempre será melhor se você tomar partido e declarar sua posição de maneira clara.

Vejamos o porquê: no caso de o vencedor ser de tal ordem que seja prudente temê-lo, caso você não se declare abertamente durante a disputa, mais tarde, sem dúvida, você se tornará presa fácil dele, pois ele não lhe considerará um amigo, uma vez que não o apoiou. E aquele que foi vencido tirará disso satisfação e prazer. Ele irá torcer para que você seja derrotado também, uma vez que não o auxiliou na disputa. Assim, você não terá aliado algum para sua defesa, nem terá quem o acolha.

> "Um vencedor não quer aliados suspeitos e com os quais não pode contar nos momentos de adversidades."

Talvez você se pergunte: e se eu procurar o vencedor para formar uma aliança com ele? Devo afirmar que será muito improvável que ele deseje formar uma aliança com você. Um vencedor não quer aliados suspeitos e com os quais não pode contar nos momentos de adversidades.

Tampouco é provável que você consiga formar qualquer tipo de aliança com o perdedor, uma vez que, durante a disputa, você não quis, de armas na mão, correr o mesmo risco e se expor contra o inimigo em comum. Ou seja: quem é vencedor não aceita aliados suspeitos e que desapareçam nos momentos difíceis. E quem perde não o aceitará porque você não quis lutar ao lado dele quando ele precisou de você.

3.

Quando foi para a Grécia a chamado dos etólios para ajudá-los a expulsar os romanos, Antíoco imediatamente enviou embaixadores aos aqueus, aliados dos romanos, que estavam sendo persuadidos por eles a tomar armas contra os gregos. A missão dos embaixadores de Antíoco, por sua vez, era convencer os aqueus a se conservarem neutros no conflito.

O assunto foi debatido no concílio dos aqueus, onde eles definiriam a sua posição na contenda. Na reunião, após o delegado de Antíoco defender a ideia de os aqueus se manterem neutros, o delegado dos romanos, presente no evento, disse: "Quanto à opinião de Antíoco, de que deveis manter-se neutros na guerra, posso garantir-lhes que nada poderia ser mais prejudicial aos vossos próprios interesses, pois, ficando neutros, inevitavelmente, em algum momento, sem recompensa e ingloriamente, sereis presa de quem for o vencedor".

> "Aquele que é teu inimigo sempre irá te pedir para que fiques neutro; e aquele que é teu amigo te incitará a tomar partido ao lado dele."

Como todo comandante sabe, aquele que é seu inimigo sempre irá lhe pedir para que se mantenha neutro; e aquele que é seu amigo o incitará a tomar partido ao lado dele, abertamente. Os líderes tímidos, para fugirem do perigo de se posicionarem, adotam, com frequência, a neutralidade, acreditando ser essa a melhor saída. Em virtude disso, costumam acabar sozinhos e, com o tempo, sem dúvida alguma, se tornarão malsucedidos. Quando, ao contrário, um líder toma partido aberta e ativamente, sempre encontrará bons aliados e amigos.

Imagine, outra vez, se num conflito vencer aquele que você apoiar. Mesmo que ele seja mais poderoso que você e, por isso, você fique à mercê dele, ele terá obrigações com sua pessoa. Ele será compelido a ter sentimentos de respeito e amizade por sua pessoa e, certamente, irá honrá-los. Os indivíduos nunca são tão maus que desejem oprimir aqueles a quem devem ser agradecidos.

Além do mais, as vitórias nunca são tão completas que o vencedor não tenha que levar em conta outras considerações, sobretudo de justiça.

E se aquele que você apoiar perder a contenda, os laços serão ainda mais fortes, porque ele irá reconhecer que você esteve ao seu lado em um momento de dificuldade. E ele o socorrerá sempre que puder. Nesse caso, mesmo na derrota, você estará unido a uma força que pode ser muito útil para se reestruturar e renascer.

4.

Vejamos, ainda, o que ocorre no caso de os dois rivais em luta serem inferiores a você e forem de tal ordem que você não precise temer a vitória de quem quer que seja.

Neste caso, tomar partido e se aliar a um deles é uma atitude ainda mais sábia, uma vez que, assim, provocará a ruína de um com a ajuda daquele que o deveria salvar se fosse sábio. O vencedor, seja quem for, ficará sob seu domínio. E aquele que você apoiar certamente será o vencedor.

É preciso ressaltar, contudo, que um príncipe nunca deveria se aliar com alguém mais poderoso, exceto por extrema necessidade, para derrotar um terceiro inimigo, como expliquei antes. A razão disso é que, mesmo vencendo, o príncipe ficará preso ao seu aliado que é mais forte; e um príncipe deve evitar a todo custo ser dependente, submisso ou estar sob controle de outro príncipe.

O motivo pelo qual muitos optam pela neutralidade é que ela parece a escolha com menos riscos. Um príncipe, entretanto, nunca deve escolher um caminho só por parecer o mais seguro, porque todas as escolhas envolvem riscos.

Também não é sábio por parte de um príncipe esperar que todas as suas decisões sejam inteiramente acertadas. Ele deve saber que, pelo contrário, suas decisões são sempre incertas. Pois é da natureza das coisas, quando se busca resolver um problema, nunca deixa de criar outro.

A sabedoria do príncipe está exatamente em conhecer a natureza dos problemas e adotar aquele que for menos prejudicial como sendo bom.

5.

Além do mais, para obter prestígio, ele deve, ainda, mostrar-se admirador dos talentos e reconhecer aqueles que se destacam numa arte qualquer.

Do mesmo modo, deve estimular seus cidadãos a exercer suas atividades em liberdade, seja nos esportes, nas artes, no comércio, na agricultura ou em qualquer outra área.

Aos cidadãos cabe não deixar de produzir riquezas pelo medo de serem assaltados, atacados ou do risco de serem perseguidos por isso. Aquele que quiser acumular riquezas deve ter a liberdade de fazê-lo sem precisar temer que suas posses lhe sejam tomadas.

Por esse motivo, o príncipe deve instituir prêmios e reconhecimentos especiais para aqueles que desejarem empreender em tais coisas e enriquecer sua empresa, família ou comunidade.

Ele deve também, em certas épocas do ano, promover festas e espetáculos ao seu povo. E como todas as comunidades estão divididas em grupos culturais, profissionais e étnicos, deve envolver-se com elas, procurando dar provas de afabilidade e união, mantendo sempre íntegras e honradas, entretanto, a grandeza e superioridade do seu posto.

> **MAQUIAVEL**
> *CAPÍTULO XXI*
> *O que um príncipe deve realizar para ser estimado*

ANÁLISE

As pessoas têm uma necessidade extraordinária de acreditar em algo maior do que elas mesmas. A maioria anda aflita à procura de algo que possa usar para preencher o vazio e a insignificância de sua existência. Elas se rendem a qualquer coisa que as façam se sentir importantes, dignas e maiores do que são. Essa necessidade as torna tremendamente suscetíveis a todo tipo de influência e manipulação. Qualquer charlatão que aparecer com uma promessa de salvação para a aparente falta de sentido da vida terá sua boa vontade e colaboração.

Profissionais bem preparados sabem dessa nossa deficiência e não têm piedade nem limites para explorá-la. Sobre ela, constroem fortunas e impérios nos quais, depois, quase sempre nos aprisionam e escravizam. Seja na política, religião, esportes, artes, moda ou entretenimento a estratégia do manipulador é sempre a mesma: criar uma espécie de culto em torno de uma causa aparentemente nobre e se colocar no centro, como profeta e precursor da transformação que, em geral, converte um, aparente, mal num bem.

O processo todo não envolve nenhum tipo de ação (o que exigiria esforço e resultados concretos), mas imagens e palavras sempre empolgantes e evasivas. De um lado, o que essas pessoas nos oferecem parece grandioso e transformador; de outro, vazio, raso e evazivo. Isso não é uma falha, mas uma técnica. Porque o vazio e evasivo oferece espaço para os indivíduos criarem sua própria ilusão sobre a promessa grandiosa que lhes é oferecida. E a técnica terá um efeito ainda maior se as palavras tiverem enorme ressonância, se forem repletas de entusiasmo, calor e promessas eloquentes. Títulos sólidos e pomposos, muitas vezes envolvendo números para esconder a característica vaga do conceito em si, podem ter um efeito viral sobre as massas.

Veja o exemplo da política: Juscelino Kubitschek e seus "cinquenta anos em cinco", Fernando Collor de Mello e o "caçador de marajás", Luiz Inácio Lula da Silva e o "fome zero". Em todos eles, teve-se o cuidado de criar um slogan que criasse nos seguidores a sensação de fazerem parte de um grupo exclusivo que os conectasse a uma causa nobre, grande, maior que eles próprios. Em todos, há uma luta envolvida. Sempre contra um terrível inimigo comum, alguém que todos querem ajudar a exterminar. Juscelino, a estagnação do país; Collor, os marajás; Lula, a fome. Não raras vezes, suspeita-se de que há alguém por trás desse inimigo abstrato — um partido, um sistema, uma pessoa ou um grupo delas — que é apontado como o causador desse mal e que seu objetivo é acabar com o bem e propagar o mal.

Ao apresentar uma causa nobre, e apontar seu adversário como inimigo dessa causa, essas pessoas criam a sensação de que o mundo está divido em dois blocos: o bloco do bem e o bloco do mal. Elas, lógico, são o bloco do bem; os seus adversários, o do mal. Exemplos dessa técnica podem ser percebidas na história de Stálin e sua luta contra o capitalismo, de Hittler e sua luta contra os judeus, e, mais recentemente, de Hugo Chaves e sua luta fictícia contra o imperialismo *yankee*.

Essas pessoas nunca admitem nem deixam transparecer que seu poder vem da criação dessa luta, seja ela fictícia ou real. Ao contrário, elas fingem que emprestam seu poder para combater esse "inimigo cruel" que causa esse "grande mal". E isso não se aplica só a políticos. Está estampado em toda parte. Num estudo recente, grupos de homens que viram um anúncio de um automóvel novo ladeado por duas garotas sedutoras consideraram o carro mais veloz, mais atraente, mais bem projetado e o avaliaram com um preço superior ao de outros grupos que viram o mesmo anúncio sem as modelos.

Para evitar esse tipo de manipulação, olhe sempre para o produto ou para a pessoa e não para a causa na qual se insere. Olhe para o indivíduo em si, não para o super-herói no qual ele tenta se projetar por trás de uma causa. Analise suas palavras sem a euforia que elas provocam. Em vez de se concentrar cegamente na causa proposta, questione o *como*, o *quando* e o *porquê* dessa causa. O manipulador nunca terá a resposta para essas questões. Jamais se distraia com a imagem colorida que as pessoas pintam de si mesmas. Procure por aquilo que as motiva, pelos interesses escondidos em suas palavras entusiasmadas e enganadoras.

E se você busca prestígio e liderança, torne-se uma fonte de prazer e distração para os outros. Acorde, atice e flerte com a imaginação e a fantasia deles.

Evite ser o tipo realista e racional que lida abertamente com a dura realidade dos fatos. Jamais cometa o erro de dizer a quem você quer seduzir, que o sucesso, a riqueza e o prestígio são resultados do esforço e do trabalho duro, mesmo sabendo que isso é verdade.

Se fizer isso, ninguém se interessará por você. A realidade geralmente é dura demais, a solução é muito dolorida e as pessoas não querem lidar com ela. Então, ao contrário, prometa uma fórmula mágica, uma alquimia que mude tudo de uma hora para outra. Se fizer isso, você não será apenas prestigiado por elas — será *glorificado*. Não se iluda: há enorme reconhecimento e prestígio esperando por quem consegue mexer com a ilusão e a fantasia das pessoas.

LEMBRE-SE: os indivíduos raramente acreditam que seus problemas são fruto de seus próprios erros e da sua própria ignorância. A culpa sempre é de alguém ou de algo: os outros, a vida, as circunstâncias, a falta de sorte, a ausência de oportunidades e assim por diante. E se, na mente deles, a causa vem de fora, a solução também precisa estar lá fora.

Não tente, portanto, mostrar-lhes a verdade. Eles evitam a verdade porque ela raras vezes é agradável e prazerosa. Pense nisso!

A maioria de nós deseja mudanças e compreende muito bem a necessidade de fazê-las. Mas por que não as fazemos? Porque, na prática, qualquer mudança vai contra nossos hábitos profundamente estabelecidos. Ela exige uma ruptura traumática na nossa rotina, o que raramente estamos dispostos a enfrentar.

Portanto, se quer cativar e seduzir os outros, sua promessa de salvação não deve passar de promessa. Ela até pode ser intangível na realidade, mas precisa ser perfeitamente palpável na imaginação das pessoas.

Faça-as sonhar, desejar, serem tentadas por sua promessa, mas não lhes dê o suficiente para compreendê-la a ponto de quererem colocá-la em prática. Mantenha a realização delas sempre distante, não a explique demais, pois isso revelaria os obstáculos que precisam ser superados para realizá-la e, com isso, a maioria perderia o interesse por sua ideia.

CAPÍTULO 4

DA QUESTÃO ECONÔMICA – QUANDO SE DEVE SER GENEROSO OU SOVINA

DE O *PRÍNCIPE*

Permita-me começar, então, pela primeira das duas qualidades mencionadas: a generosidade. Preciso dizer que a reputação de generoso pode ser um fator positivo. Mas o comportamento que lhe dá essa reputação pode lhe trazer enormes problemas.

> "A reputação de generoso pode ser um fator positivo. Mas o comportamento que lhe dá essa reputação pode lhe trazer enormes problemas."

Primeiro, porque se você quiser ser generoso de modo virtuoso, como se deve ser, terá que exercer a generosidade em silêncio, com discrição, sem que a sua mão esquerda saiba o que a direita está fazendo. E, nesse caso, ninguém saberá da sua qualidade e você não tirará nenhum proveito dela.

Por outro lado, se você quiser ser amplamente conhecido como generoso, tem de aproveitar todas as oportunidades que aparecem para mostrar sua generosidade. Se seguir por esse caminho, terá que gastar muito e, logo, ficará sem recursos.

A partir de então, você precisará escolher um entre dois caminhos: procurar, a todo custo, manter a fama de generoso ou abrir mão dela. Se quiser manter sua fama de generoso terá de sacrificar o povo extraordinariamente, sobretudo os que mais produzem. Terá que agir com dureza e sem piedade no aumento da arrecadação de impostos e na criação de novas taxas. Terá que fazer todo o possível para juntar dinheiro a fim de poder sustentar sua generosidade.

> "Assim que estiveres empobrecido, o povo – inclusive aqueles a quem serviste com tua generosidade – perderá o respeito e a estima por ti."

Isso começará a torná-lo odioso aos olhos do povo. E, nesse caso, o empobrecerá. E não tenha dúvida: assim que estiver empobrecido, o povo, inclusive aqueles a quem você serviu com sua generosidade, perderá o respeito e a estima por você. E tendo sua generosidade trazido prejuízos a muitos e benefícios a poucos, você começará a sentir os primeiros revezes na sua liderança.

Ao perceber a falta de recursos e os revezes que a situação lhe causa você desejará retrair-se e cortar as ações que lhe dão a fama de generoso e imediatamente se verá rotulado como mentiroso, enganador e avarento.

Assim, portanto, não podendo fazer uso da generosidade sem causar prejuízo a si próprio, uma vez no poder, o príncipe, para ser prudente, não deve se preocupar em buscar a reputação de generoso. Tampouco, deve se importar caso o rotulem de avarento ou mesquinho.

Com o tempo, ele poderá demonstrar sua generosidade. Pois sua rigidez no controle de gastos fará com que acumule recursos que poderá investir em benefícios para a população e também atrever-se à construção de obras grandiosas que promovam o desenvolvimento da comunidade. Tudo sem sacrificar o povo com o aumento da cobrança de taxas e impostos.

Se agir dessa forma, logo as pessoas verão que ele está sendo generoso com aqueles dos quais nada tira — que são muitos — e avarento apenas com aqueles para os quais nada dá — que são poucos.

2.

As maiores obras, ao longo da história, foram realizadas por aqueles príncipes considerados avarentos e mesquinhos. Os demais, os que foram generosos, quase sempre caíram no esquecimento ou arruinaram-se.

O papa Júlio II, por exemplo, usou a fama de generoso apenas para alcançar o papado. Uma vez no poder, abriu mão dela imediatamente, tornando-se severo e rigoroso com as contas do Estado. Essa medida possibilitou-lhe realizar muitas obras sem sacrificar o povo com aumentos extraordinários de taxas e impostos.

Outro exemplo foi Felipe II, rei da Espanha. Se fosse generoso, ele jamais teria conseguido custear as guerras que ampliaram seus territórios, nem teria sido capaz de levar a cabo as inúmeras obras que realizou.

Assim sendo, o príncipe — para não ser forçado a roubar seus súditos e a sobrecarregar o povo com abusivos aumentos de impostos ou se tornar pobre e digno de desprezo — não deve se importar com o rótulo de sovina. Ele deve entender que essa é uma virtude disfarçada em defeito, pois ela lhe dará a possibilidade de fazer uma grande administração.

3.

É evidente que existem outros exemplos, como o do imperador romano Júlio César, que ascendeu ao poder em grande parte pela sua generosidade. É preciso entender que há uma diferença entre estar no poder e estar a caminho do poder. Em outras palavras: ou já se é um príncipe ou se está a caminho de sê-lo. No primeiro caso, quando se está no poder, a generosidade sempre é prejudicial. No segundo, quando se está a caminho dele, é preciso buscar a fama de generoso.

César era dos que desejavam alcançar o poder em Roma e, por isso, mostrou-se generoso. Quando assumiu o reino, reduziu consideravelmente suas atitudes generosas, mesmo porque se tivesse vivido mais tempo e continuado com as despesas que o elevaram ao poder teria destruído o império.

Para ser generoso é preciso gastar. Todo recurso precisa vir de algum lugar. Sendo assim, o príncipe generoso ou gasta do que é seu e do povo ou o que pertence a outro. No primeiro caso, quando ele gasta o que é seu, precisa ser muito cauteloso. No segundo, quando gasta o que é de outrem, precisa esbanjar dinheiro. Porque aquele que vive de propinas, corrupção e outros crimes tem de distribuir riquezas; caso contrário, seus comparsas e aliados no crime não serão coniventes com ele e o entregarão em seus atos na primeira oportunidade.

Além disso, é muito mais fácil ser generoso com o dinheiro alheio. Grandes imperadores como Ciro, César e Alexandre foram generosos nesse sentido. Gastar o dinheiro de outrem, a princípio, não o prejudica; pelo contrário, aumenta sua fama e reputação. Gastar o seu próprio, isto sim, é prejudicial.

4.

A essa altura, creio estar claro que não há nada que se destrua mais depressa do que a generosidade. Pois, com seu uso contínuo, o sentido de ser generoso vai se perdendo, assim como o próprio recurso. E sendo generoso, com o tempo, você se torna pobre e necessitado ou, para escapar da pobreza, corrupto e odioso. E dentre as situações que um príncipe deve evitar está tornar-se pobre e necessitado ou corrupto e odioso. E a generosidade costuma levar a uma ou outra.

Desse modo, é mais prudente ter fama de sovina e mesquinho, o que acarreta má fama sem ódio, do que, para obter fama de generoso, ser levado a incorrer também na de desonesto e corrupto, o que constitui infâmia odiosa e quase sempre imperdoável.

> **MAQUIAVEL**
> CAPITULO XVI
> *Da liberalidade e da parcimônia*

ANÁLISE

Em psicologia, existe um princípio chamado *regra da reciprocidade*. De acordo com essa regra, toda vez que recebemos algo de alguém, um presente, um convite, um favor etc., sentimo-nos obrigados a retribuí-lo. Sabendo disso, políticos, dirigentes de empresas, profissionais liberais, marqueteiros e amigos nos oferecem estrategicamente sua generosidade sabendo que, lá na frente, poderão tirar proveito da sensação de obrigação que seu ato generoso incutiu em nós.

Por isso, a generosidade é uma das armas prediletas daqueles que ambicionam construir seu poder e sucesso à nossa custa. E não se engane: quando usada de forma estratégica, ela também é uma das armas mais poderosas que existem no mundo do poder e da manipulação.

Em 2002, Luiz Inácio Lula da Silva, então candidato à presidência do Brasil, disse num programa de televisão:

> Lamentavelmente, as pessoas não votam de modo partidário e, lamentavelmente, existe uma parte da sociedade que, pelo seu alto grau de empobrecimento, é conduzida a pensar "pelo estômago" e não "pela cabeça". É por isso que se distribui tanta cesta básica, é por isso que se distribuem tantos litros de leite; porque isso, na verdade, é uma peça de troca em época

> de eleição. E assim se despolitiza o processo eleitoral. Trata-se o povo mais pobre da mesma forma que Cabral tratou os índios quando chegou ao Brasil. Assim como ele distribuiu bijuterias e espelhos para ganhar os índios, os políticos distribuem alimentos. Tem-se como lógica manter a política de dominação que é secular no Brasil.

No ano seguinte, ao assumir a presidência do país, aproveitando um programa criado pelo seu antecessor que previa um auxílio a famílias carentes que mantivessem seus filhos menores regularmente na escola, Lula implantou um dos maiores sistemas legais de distribuição de dinheiro para famílias pobres do mundo. Em 2006, no seu segundo mandato como presidente, Lula, através de seu governo, distribuía dinheiro mensalmente (uma média de R$ 65 reais por família) para onze milhões e cem mil famílias, cerca de quarenta e cinco milhões de pessoas, pouco menos de um quarto da população brasileira.

O poder vem da capacidade de se fazer parecer maior que os demais a nossa volta. E a generosidade é uma ferramenta essencial para criar essa impressão. As pessoas, em geral, são preguiçosas e avarentas. Elas querem as coisas, mas não desejam pagar o preço para obter aquilo que desejam. Por isso, aceitam de bom grado qualquer esmola que cair em suas mãos. Mal sabem elas que não existe tal coisa como "algo" por "nada". Tudo tem um preço. E ao aceitar algo que lhes é oferecido sem que seja exigido nada em troca, quase sempre elas estão abrindo mão do seu bem mais precioso: a liberdade.

Por isso, a partir de hoje, ignore e desdenhe tudo que lhe for oferecido de graça. Se algo vale a pena, pague o preço necessário para obtê-lo. Lembre-se sempre de que aquilo que lhe é oferecido de graça, na verdade, não passa de uma armadilha. Tenha certeza de que, lá na frente, a cobrança virá.

Quem, por exemplo, em troca da promessa de receber algo gratuito — um vídeo, uma aula, uma palestra, um e-book ou qualquer outra coisa inútil e desprezível, mas cuidadosamente ornada para parecer valiosa e exclusiva —, não caiu na armadilha de cadastrar seu email e, a partir de então, durante anos, passou a ser bombardeado com mensagens indesejadas? Portanto, nunca esqueça: nada com valor verdadeiro é distribuído gratuitamente sem que haja algum tipo de intenção oculta por detrás.

Contudo, se você, por algum motivo, deseja aumentar seu círculo de influência, use a generosidade com inteligência. Se conseguir fazer com que sua isca pareça especial, sempre encontrará um número suficiente de otários que cairão com tremenda facilidade na sua armadilha.

Há, entretanto, dois cuidados que você precisa tomar:

1. Nunca pratique a generosidade por tempo demasiado com as mesmas pessoas.
2. Tampouco pratique-a deliberadamente com todos.

No primeiro caso, o valor da ação diminui com o tempo, na medida em que os indivíduos vão se acostumando com ela. No segundo, ela não tem muito valor porque deixa de ter a impressão de algo notável e exclusivo. As pessoas são egoístas e costumam responder com mais entusiasmo àquilo que as coloca acima das demais.

CAPÍTULO 5

DA CRUELDADE E DA PIEDADE – SE É PREFERÍVEL SER AMADO OU TEMIDO

DE O *PRÍNCIPE*

Prosseguindo na análise das qualidades necessárias para conquistar o poder e manter-se nele, tenho a afirmar que o príncipe sempre deve buscar a fama de piedoso, e não de inflexível, insensível e cruel. Contudo, ele deve ter extremo cuidado em como empregar essa piedade.

O duque e cardeal César Bórgia, filho do papa Alexandre VI, era visto como um homem frio e cruel. Entretanto, sua frieza e crueldade o ajudaram a reerguer a Romanha, a uni-la e restaurar a paz e a esperança.

Qualquer pessoa que analise realisticamente as conquistas de César Bórgia verá que ele foi mais piedoso do que o povo de Florença, que, para evitar a fama de cruel, permitiu que Pistoia fosse destruída.

Se a reputação de duro e insensível conservar sua equipe unida e próspera, o príncipe não deverá se importar muito com ela. Porque, mesmo sendo duro, com raras e pequenas exceções, ele é mais piedoso do que aquele que, por excesso de tolerância, permite que surjam desordens, das quais podem se originar indisciplina, desrespeito e insegurança.

É preciso levar em conta que essas turbulências prejudicam todo o povo, conquanto as execuções severas e frias de um príncipe intolerante ofendam pequenos grupos, ou mesmo, em muitos casos, um só indivíduo.

Sendo assim, dentre todos, aquele que recém conquistou o poder é o que menos pode prescindir da fama de inflexível e intolerante. Quanto mais novo, frágil e inseguro é o mestre, maior é a liberdade do discípulo. O mesmo se repete em todos os setores. Sempre que se percebe que o príncipe age com indecisão e insegurança, emergem grupos de sabotadores e traidores que não hesitarão em expor sua liderança a infâmia e desordens. Daí a necessidade de ter fama de duro e insensível.

Como diz o poeta romano Virgílio, no poema *Eneida*, através da boca de Dido, rainha de Cartago: "A dura condição das coisas e o fato mesmo de ser recente o meu reinado obrigam-me ao rigor e à precaução, exigindo-me a fortificar as fronteiras".

Por outro lado, o líder nunca deve confiar em boatos e agir com base neles. Tampouco ser precipitado ou assustar-se com os próprios pensamentos e se retrair. É preciso que ele aja com equilíbrio e prudência — para que a confiança exagerada não o torne desatencioso e a desconfiança excessiva não o faça suspeitar de todos e de tudo tornando-se intolerável.

2.

Uma vez dito isso, surge a dúvida: é melhor ser amado que temido ou o contrário?

A minha resposta é que o certo seria ser as duas coisas. Entretanto, como é difícil uma única pessoa reunir as qualidades para provocar esses dois sentimentos ao mesmo tempo, se tiver que escolher entre os dois, é muito melhor ser temido do que amado. A razão disso é que as pessoas, em geral, são ingratas, volúveis, dissimuladas, covardes e querem tirar vantagem em tudo por causa de suas ambições financeiras. Enquanto você lhes fizer o

> "As pessoas, em geral, são ingratas, dissimuladas, fogem dos perigos e querem tirar vantagem de tudo por causa de suas ambições pessoais."

bem, elas estarão inteiramente a seu lado, oferecendo seu sangue, suas posses, sua vida, seus filhos e tudo o que têm. No momento em que você precisar delas, elas lhe virarão as costas e se juntarão aos seus rivais.

Sendo assim, o príncipe que confiar inteiramente nas palavras daqueles ao seu redor, sem tomar nenhum outro tipo de precaução, facilmente se verá diante da sua própria ruína.

Isso porque as amizades que nascem da troca de benefícios são estruturadas em interesses, e não na nobreza de caráter, como deveria de ser. Esse tipo de amizade é comprada e não se pode contar com ela no momento preciso. Tais amizades até podem servir por um tempo ou em certas circunstâncias, mas nunca serão seguras.

> "As amizades que nascem da troca de benefícios são estruturadas em interesses, e não na nobreza de caráter, como deveria de ser."

As pessoas hesitam menos em ofender aqueles que amam do que aqueles que temem. Isso acontece porque o amor é conservado por laços de obrigação. Como os seres humanos são infiéis sempre que lhes apraz, esses laços tendem a ser rompidos assim que surge a menor ameaça aos interesses próprios. Por outro lado, o temor é conservado pelo medo da perda e do castigo, sentimentos mais fortes e com os quais as pessoas quase nunca falham.

> "Pessoas sempre hesitam menos em ofender aqueles a que amam do que aqueles a que temem."

Outra razão pela qual é preferível ser temido a ser amado é que se tornar amado depende muito da vontade do povo e de seus subordinados, enquanto se fazer temido depende tão só das atitudes do príncipe. E aquele que souber agir com sabedoria colocará seu objetivo no que depende de si, e não no que está nas mãos dos outros.

3.

É preciso, contudo, que o príncipe tenha o extremo cuidado de tornar-se temido de tal modo que, mesmo que não seja amado, também não se torne odiado. Afinal, uma pessoa pode muito bem ser temida sem ser odiada. Isso tende a acontecer sempre que o príncipe não tentar se apropriar dos bens dos cidadãos e de seus súditos.

Muitos tentam fazer isso com discrição. Eles tiram proveito de estratégias dissimuladas, como o aumento de impostos, saques, multas, taxas indevidas e até mesmo o corte de benefícios prometidos ou legalmente conquistados. Essas ações costumam torná-lo odiado. Pois as pessoas esquecem mais rápido a morte do pai do que a perda de sua herança.

Por isso, é preciso estar atento. Uma vez no poder, um príncipe sempre encontrará pretextos para colocar a mão no que é dos outros, e aquele que começa a viver de propinas e corrupção acaba sempre encontrando motivos e circunstâncias para fazê-lo. Até que seja descoberto e arruinado.

4.

Dois exemplos ilustram muito bem o que estamos afirmando: o primeiro é Aníbal, general cartaginês que comandou os exércitos de Cartago contra Roma, considerado um dos maiores estrategistas militares de toda a história. O exército de Aníbal era muito numeroso, composto de homens de todas as nacionalidades e idades que lutavam em terras alheias. Contudo, jamais surgiu nenhuma disputa entre as tropas.

Aníbal era um homem de inúmeras virtudes que o tornaram venerado e temido pelos seus soldados. Entretanto, apesar de todas essas virtudes, o motivo pelo qual ele conseguia manter a ordem e o respeito entre os seus soldados deve ser atribuído unicamente a sua frieza quase inumana. Prova disso é que, ao se referirem à frieza de Aníbal, os historiadores mais comedidos contentam-se em admirar e elogiar essa sua qualidade, ao passo que outros atribuem a ela todos os triunfos que o general alcançou.

5.

O segundo exemplo é Cipião, general romano que lutou contra as tropas de Aníbal. Cipião era um homem extraordinário. E isso não apenas no seu tempo, mas também na memória dos fatos que a história registra.

Apesar de todas as suas virtudes, porém, Cipião não conseguiu os mesmos feitos de Aníbal em relação a suas tropas e viu seus exércitos se revoltarem contra ele na Espanha. Se analisarmos os motivos que o levaram a esse fracasso, veremos que seu erro foi a excessiva bondade com que tratava seus soldados, a quem dava mais liberdade do que convinha à disciplina militar. Quando, por exemplo, um tenente de suas tropas saqueou um inimigo indevidamente, comportamento inadmissível até mesmo para a época, Cipião se mostrou conivente. Nem mesmo o reprimiu. Atitudes assim contagiavam os demais soldados, servindo de mau exemplo e criando indisciplina entre as tropas. E tudo isso era resultado da insolência que brotava por conta do caráter bondoso de Cipião. Por esse motivo, ele foi severamente advertido no senado por Fábio Máximo, que o tachou de corruptor da milícia romana. Outro senador, falando em defesa de Cipião, referiu-se a ele dizendo que "existem homens que preferem não errar a corrigir erros alheios".

Sobre se é melhor ser temido ou amado, concluo, portanto, que o príncipe sábio deve amar os outros como quer ser amado e, sendo temido por eles como quer, deve firmar-se no que é seu, e não no que pertence aos outros, evitando apenas o ódio dos cidadãos e súditos, como disse.

> **MAQUIAVEL**
> *CAPÍTULO XVII*
> *Da crueldade e da piedade – se é preferível*
> *ser amado ou temido*

ANÁLISE

A vida é uma longa e constante batalha que precisa ser combatida todos os dias. Essa é a realidade inevitável de todas as espécies em sua luta pela sobrevivência. E não é diferente para o ser humano. Felizmente, a maioria de nós não vê mais os campos sangrentos das refregas de outrora, mas isso não quer dizer que as guerras tenham acabado. Hoje, a luta é em outro nível. As estratégias, agora, se voltam para a conquista da nossa mente. A ameaça é contra nossas fraquezas psicológicas.

Em todos os setores existem indivíduos e empresas que não medirão consequências para conquistar e assegurar sua posição no topo. A concorrência entre pessoas, companhias e organizações é uma guerra aberta. E não se iluda: o mundo está repleto de pessoas inescrupulosas que tentarão nos usar como objetos para conquistar o que elas querem. Se não estivermos atentos e não tomarmos alguns cuidados, seremos sutilmente seduzidos a incorrer em erros e cair em armadilhas que podem nos custar décadas de trabalho.

Tome cuidado com aqueles que agem com simpatia e amizade na sua frente, mas o sabotam e o combatem quando você vira as costas. Ou com aqueles que, ainda mais dissimulados, lhe oferecem apoio e suporte em promessas que nunca serão cumpridas, só para iludi-lo e, na hora certa, puxar seu tapete.

A cultura talvez negue essa realidade e promova uma sociedade generosa e pacífica fingindo que tudo está bem. Mas, no fundo, cada um sente o peso da realidade como ela é. No palco, tudo parece em paz e sob controle, mas atrás das cortinas, cada um está por si só, acanhado e com medo.

E PIOR: os ataques não acontecem apenas entre estranhos, mas também entre amigos, familiares e casais. Seu próximo inimigo pode ser um cliente, um sócio, um chefe, um comprador, um funcionário, um colega, um amigo, um namorado ou um cônjuge. É bom estar preparado. Aqueles altamente sedutores, não raras vezes, são os mais dissimulados e manipuladores, capazes de fazer qualquer coisa para enganá-lo e tirar o máximo de vantagens possível da relação.

Não desdenhe desses riscos tentando ser o tipo "pensamento positivo". As consequências de um cochilo podem ser intoleráveis para quem pensa assim.

ENTENDA: a verdade é que somente uma minoria pode vencer no jogo da vida. E mesmo que você tenha chegado ao topo com honestidade e integridade, o simples fato de estar no topo, inevitavelmente, despertará a inveja daqueles ao seu redor. E aqueles que mais o atacarão não serão os estranhos, mas o seu círculo mais íntimo: amigos, familiares e colegas, gente que você deixou para trás. O sentimento de inferioridade diante do seu sucesso os machucará, os fará sentirem-se incapazes e, uma vez feridos, a inveja costuma ser a única saída.

Quando você despertar a inveja em alguém, tenha cuidado, pois tudo o que você fizer estimulará ainda mais esse sentimento. Aos poucos, essa pessoa não suportará mais manter esse rancor escondido e começará a espalhar o veneno contra você. E pior: ela não fará isso abertamente, mas de maneira oculta, em geral, por trás de uma máscara complacente e amorosa.

Por isso, não se agarre em promessas de amor e amizade eternas e acima de qualquer suspeita. Ame, rodeie-se de amigos e seja leal, mas mantenha-se atento. Tenha uma postura firme, baseada, acima de tudo, no respeito mútuo.

Sua postura é importantíssima, porque ela afetará diretamente a forma como você será tratado pelos demais. Uma postura vulgar e desleixada, que não inspira segurança e autoridade, fará com que as pessoas não o respeitem da maneira apropriada. Por isso, um líder, primeiro, deve aprender a liderar a si próprio. Isso lhe conferirá respeito sobre si mesmo, o que faz com que ele inspire o mesmo respeito nos outros. Ao agir como um líder, confiando em seu poder de liderança, você será visto pelos demais como um líder e será respeitado como tal.

Sendo assim, nunca permita-se perder o autorrespeito. Faça com que a integridade seja seu único parâmetro de comportamento e esteja mais preocupado com seu próprio julgamento sobre si mesmo do que com o julgamento alheio. Evite condutas impróprias por respeito próprio, e não por causa das convenções sociais. Tenha admiração por si mesmo e verá que não irá precisar implorá-la aos outros. Nunca demostre dúvida nem abra mão de sua dignidade. Faça com que suas ações sejam dignas de um grande líder. Seja sublime em seus pensamentos e obras e todas as suas atitudes mostrarão que você merece ser um líder forte e poderoso, mesmo que ainda não ocupe oficialmente tal posto.

A partir de hoje, então, lembre-se de que você possui o poder de definir seu próprio valor no mercado. Saiba que sua postura, suas atitudes e seu comportamento evidenciam o que você pensa sobre si próprio. Se você se humilha, mostra insegurança, timidez e se é medroso, as pessoas deduzirão automaticamente que essas atitudes refletem a essência de seu caráter. E elas lhe definirão por isso e, não raras vezes, cairão sobre você como abutres, sugando-o o máximo que puderem.

Não as condene por isso. Essa é, infelizmente, parte essencial da natureza humana. Apenas atente-se para o seguinte detalhe importante: a conclusão dessas pessoas não é resultado daquilo que você é, mas da maneira como você se apresenta a elas — o que você pode mudar simplesmente assumindo uma postura mais firme, segura e confiante, agindo como se estivesse determinado a conquistar seu lugar no mundo a qualquer custo.

O primeiro passo nesse processo é declarar uma espécie de guerra contra sentimentos de autopiedade e exigir o mais alto respeito de si mesmo. Para tanto, aprenda a acreditar plenamente em si próprio. Quando alguém acredita em si, essa simples crença muda tudo.

CAPÍTULO 6

DA INTEGRIDADE – QUANDO E DE QUE MANEIRA SE DEVE MANTER A PALAVRA

DE O *PRÍNCIPE*

Qualquer pessoa entende o quanto é louvável um príncipe manter sua palavra e viver com integridade, sem astúcia. A experiência, no entanto, nos mostra que existiram príncipes e governantes que fizeram grandes obras, mas que davam uma importância mínima ao cumprimento de suas promessas. Usando da astúcia, transformaram a mente das pessoas e, com isso, superaram, enfim, aquelas que se mantiveram íntegras e leais.

A primeira coisa que o príncipe precisa saber é que há duas formas de luta: uma pelas leis; outra pela força. A primeira é a mais apropriada aos seres humanos; a segunda, aos animais. Contudo, como a primeira muitas vezes não é suficiente, em inúmeras circunstâncias, o príncipe terá de recorrer à segunda. Em função disso, é fundamental que ele saiba empregar de maneira conveniente tanto o método do *homem* quanto o do *animal*.

Isso não deveria ser desconhecido, pois foi ensinado veladamente aos príncipes por autores da Antiguidade que descreveram como Aquiles e outros heróis eternos foram entregues ao centauro Quíron (meio homem e meio animal) para serem criados e dele receberam educação em sua disciplina. Ter um preceptor meio homem e meio animal só pode significar que um príncipe, para ter a virtude e a grandeza de um herói, deve aprender a fazer uso tanto da natureza do homem quanto da natureza do animal. Uma sem a outra é a origem do desequilíbrio e da instabilidade.

Portanto, sendo obrigado a utilizar da natureza do animal, o príncipe deve adotar as qualidades da raposa e do leão. O leão tem força, mas lhe falta esperteza. Seu poder assusta a todos, mas ele não consegue defender-se das armadilhas. A raposa é esperta, mas não tem força. Ela tem facilidade de se livrar das armadilhas, mas não consegue defender-se dos lobos.

> "É preciso desenvolver habilidades típicas da natureza da raposa para descobrir e defender-se das armadilhas e da natureza do leão para amedrontar e defender-se dos lobos."

Dessa forma, é preciso ter a natureza da raposa para descobrir e defender-se das armadilhas e a do leão, para amedrontar e defender-se dos lobos.

2.

Aqueles que apenas adotam a natureza do leão, isto é, a força e a retidão, não entendem o risco que correm e dificilmente chegarão a se consagrar no poder. Para obter êxito na busca pelo poder, embora necessite força, você não pode ser previsível como o leão. Isso o tornaria presa fácil dos inimigos. Você deve ser também astuto como a raposa.

Desse modo, um príncipe sábio não pode nem deve guardar a palavra empenhada quando isso for contra seus interesses ou quando os motivos que o forçaram a fazer a promessa deixarem de existir. Se todas as pessoas fossem boas, tal preceito seria mau e não se sustentaria por falta de legitimidade.

Mas, considerando que os indivíduos costumam ser falsos e não guardariam suas promessas com o príncipe, ele também não está obrigado a cumprir as promessas que fez a eles. Além disso, nunca faltaram desculpas aos governantes para justificar e dissimular a quebra de uma promessa.

Sobre isso, eu poderia dar incontáveis exemplos, todos demonstrando convenções e promessas que se tornaram nulas e sem efeito pela infidelidade dos que as fizeram; e dentre eles, se deu melhor aquele que melhor soube adotar as qualidades da raposa. Contudo, é necessário saber disfarçar muito bem essa natureza, tornando-se excelente simulador e dissimulador.

Essas atitudes funcionam perfeitamente porque as pessoas se distraem com coisas tão simples e se ocupam tanto com as necessidades diárias que aquele que estiver disposto a enganar encontrará sempre a quem enganar e, não raras vezes, logo em seguida, encontrará também o perdão ou o esquecimento daquele a quem enganou.

3.

Em relação ao que afirmei acima, há um exemplo do meu tempo que não gostaria de deixar passar: o papa Alexandre VI. Não conheci ninguém que tivesse maior habilidade em prometer coisas que simplesmente não cumpria, mesmo que o fizesse com juramentos firmes e solenes.

Alexandre VI não fez outra coisa, nem pensou em fazer, a não ser enganar os outros, uma vez que encontrou sempre um número suficiente de vítimas e oportunidades para agir dessa forma. Seus enganos sempre saíram a contento porque ele conhecia muito bem a deficiência da natureza humana descrita acima e tirava o máximo proveito dela.

Ao retratar o caráter de um príncipe, haveria que se dizer que é indispensável que ele cultive somente virtudes como caridade, fidelidade, humanidade, integridade e religiosidade.

Entretanto, no mundo real, do qual tratamos aqui, o príncipe não precisa possuir todas essas qualidades; basta que aparente possuí-las. E, indo ainda mais longe, até me atreveria a afirmar que se possuísse todas essas qualidades e as usasse o tempo todo, elas, sem dúvida, lhe seriam prejudiciais, ao passo que aparentar tê-las lhe seria extremamente benéfico.

É preciso, de um lado, parecer efetivamente piedoso, fiel, humanitário, íntegro e religioso; e de outro, ter o ânimo de agir de maneira oposta quando as circunstâncias demandarem que assim o seja.

4.

Pode-se concluir disso tudo, portanto, que um príncipe, sobretudo em início de carreira, não pode seguir todas as coisas a que são obrigados os homens tidos como bons. Mas que, ao contrário, para conservar o poder, ele é, muitas vezes, obrigado a agir contra princípios como a caridade, a fé, a humanidade e a religião.

Por isso é necessário que ele tenha uma mente disposta a voltar-se para os rumos a que os ventos e as mudanças da sorte o impilam. E, como já deixei dito antes, não evitar ou se afastar do bem quando é possível praticá-lo; porém, não hesitar entrar para o mal, se a isso for forçado.

> "Entre todas as virtudes, não há nenhuma mais necessária do que a religião. E isso, porque ela supõe tudo o que é justo e correto, e por detrás dessa cortina pode-se esconder muita coisa."

O príncipe deve, contudo, ter extremo cuidado para falar apenas coisas que revelem claramente as virtudes antes apontadas — piedade, fidelidade, humanidade, integridade e religião —, para que ele aparente tê-las. E entre todas essas qualidades, eu diria que não há nenhuma que seja mais necessária do que a religião. É que as pessoas, em geral, julgam muito mais pelo que veem do que pelo que percebem. E todos podem ver e ouvir, porém poucos são capazes de perceber para além das aparências. Veem o que você aparenta ser, mas poucos sabem o que você realmente é e, quando se trata de um príncipe, esses poucos não possuem força suficiente para influenciar e mudar a opinião da maioria formada pelo cidadão comum.

5.

Encerro esse tema dizendo que as atitudes das pessoas, sobretudo dos príncipes, são julgadas pelos resultados que produzem, podendo estes serem bons ou ruins. Por essa razão, um príncipe deve sempre procurar vencer e conservar suas conquistas.

Os meios empregados para alcançar esses objetivos serão sempre julgados honrosos e louvados pelos vulgos que compõem a maioria e que se deixam levar facilmente pela aparência e pelos resultados alcançados, e o mundo é formado pelo vulgo. Sendo assim, não haverá lugar para a opinião da minoria se o vulgo tiver uma base segura onde se apoiar, mesmo que essa base seja feita de aparências.

Por isso, é preciso, como já disse, que toda pessoa compreenda essas coisas e entenda como elas funcionam de fato e, assim, possa precaver-se de cair, ela própria, num universo de ilusões e aparências similar ao do vulgo.

MAQUIAVEL
CAPÍTULO XVIII
De que maneiras devem os príncipes guardar a fé na palavra empenhada

ANÁLISE

As palavras costumam nos confundir mais do que esclarecer. Na verdade, elas não passam de uma ferramenta de comunicação externa. Raras vezes revelam o que de fato está escondido dentro das pessoas. Com facilidade elas podem ser usadas para nos bajular, enganar, persuadir e manipular.

A maioria de nós está em constante busca: tentando ser isto ou aquilo, alcançar determinado objetivo, conquistar um tipo de situação, evitar outro e assim por diante. Ao longo deste processo aprendemos que a clareza e a transparência podem revelar fraquezas e vulnerabilidades ou, ainda, despertar a mesquinharia, a inveja ou a ganância dos demais. Por isso, muitas vezes evitamos nos abrir completamente. Deixamos de falar toda a verdade, contando pequenas mentiras no intuito de nos proteger.

Superficialmente, nos esforçamos para parecer honestos, civilizados, decentes, generosos e justos. Mas sabemos que se seguirmos essas virtudes ao pé da letra, se jogarmos o jogo direta e abertamente, nossas chances de vencer serão pequenas, porque, na certa, seremos vítimas de especuladores e massacrados por adversários mais inescrupulosos.

Além disso, sabemos também que, sendo sempre honestos e diretos, insultaremos muita gente, porque a verdade, em geral, é a maior ofensa. Sendo assim, fingimos e disfarçamos. Fazemos de conta que não queremos nada. Escondemos nossa verdadeira intenção. Vivemos em duplicidade. Em vez de dizer o que verdadeiramente pensamos, falamos o que o outro quer ouvir, criando um enorme faz de conta, um teatro de aparências.

No palco, tudo parece calmo e sob controle, perfeitamente em ordem. Mas no palco, as pessoas deixam de lado quem de fato são para representar determinados papéis. É quando as cortinas se fecham que as emoções negativas emergem. Na escuridão dos bastidores é onde os dramas são armados e a ganância, a inveja, o ódio e o desejo de domínio e manipulação reinam quase absolutas. Pare e pense sobre isso por um momento!

Se analisar suas relações por todos os ângulos possíveis, verá que esse é um processo contínuo, interminável. E a maioria de nós está satisfeita com ele, porque esse processo, no fundo, nos dá a sensação de proteção. Mas o que você não pode, como vimos no capítulo I, é ignorar as coisas como elas são.

Por isso, se você busca poder, sucesso e liderança, não seja ingênuo a ponto de se deixar conduzir apenas por palavras e aparências. Você precisa entender que a maioria dos indivíduos usa as palavras para se defender, para dissimular suas verdadeiras intenções e despistar você do que elas realmente pensam, sentem e desejam. Estudos convincentes apontam que, num processo de comunicação regular, menos de 20% do que na realidade importa é dito de forma direta, através de palavras. Repito: menos de 20%.

Portanto, a partir de hoje, empenhe-se para conhecer as pessoas num nível mais profundo. Não se perca em distrações e aparências. Vá além das palavras dos outros. Descubra o que os motiva, qual o interesse oculto por trás do que dizem. E, como já vimos, nunca deduza superficialmente que eles possuem os mesmos valores e princípios que você ou que zelam pelas mesmas coisas que você. Porque, quase sempre, eles não pensam e não acreditam naquilo que você pensa e acredita.

É por esse motivo que a habilidade de compreender o que motiva as pessoas é a principal chave da liderança eficaz, do poder e do sucesso. Como disse no começo deste livro, se você sabe o que o outro busca, o que ele quer e precisa, a necessidade que existe por detrás de suas ambições, lágrimas, ansiedades, seus desejos e medos, você pode se oferecer para suprir essa necessidade. E isso lhe dará um poder incrível.

O problema é que poucos têm a capacidade de entender as necessidades alheias. Na maioria das vezes, apenas ouvimos aquilo que queremos ouvir. Nossa mente está confinada a um canal pequeno e estreito no qual ela projeta nossos próprios desejos através do que ouvimos. Temos uma ideia em nossa cabeça e adequamos tudo a essa ideia. Por isso, somos tão fracos na arte de seduzir, incentivar e motivar os outros.

Desse modo, se posso lhe sugerir algo, saia um pouco da sua cabeça, se desapegue por instantes das suas ideias e dos seus sonhos, das suas necessidades e obsessões pessoais e mergulhe na mente das pessoas a sua volta. Procure enxergar a interioridade delas, ir além do que elas dizem, entender e transcender o desejo vago e raso que elas manifestam, investigue a compulsão por detrás de suas ações superficiais, descubra o que elas realmente querem e ajude-as a conquistá-lo. Se você fizer isso, obterá tudo o que quiser e muito mais. Mas não espere. Comece a colocar essa estratégia em prática hoje mesmo e observe como, com o tempo, você fará progressos tremendos na arte da persuasão e da influência.

CAPÍTULO 7

DAS COISAS QUE SE DEVE EVITAR: ÓDIO E DESPREZO

DE O *PRÍNCIPE*

Alguém que deseja o poder precisa agir conforme vimos até aqui, mas ter a habilidade de fazê-lo de tal forma que isso não o torne odiado ou desprezado pelo povo. Sempre que conseguir ter esse tipo de atitude, estará seguro com o cumprimento de seu dever e decerto não encontrará grandes obstáculos nas demais áreas onde possa ter defeitos.

O que faz um príncipe ser odiado, sobretudo, como expliquei antes, é se apropriar direta ou indiretamente dos bens daqueles a quem lidera. Quando sentem que sua propriedade e sua honra são respeitados pelo príncipe, a maioria das pessoas se mostrará satisfeita com ele. Uma vez que o príncipe siga esse princípio, apenas deverá ter o cuidado de combater a ambição de um pequeno grupo, o que pode ser feito de muitos modos e com certa facilidade.

Outra coisa que o torna desprezado são atitudes que o fazem parecer leviano, covarde e irresoluto. Por isso, ele deve evitar essas características com a mesma cautela com que o navegante evita um rochedo. Suas atitudes e sua postura devem mostrar seriedade e segurança. Aos olhos de quem o observa, suas decisões precisam parecer irrevogáveis para que ninguém pense em enganá-lo e, tampouco, insista em querer fazê-lo mudar de ideia.

> "Suas decisões precisam parecer irrevogáveis para que ninguém pense em enganá-lo e, tampouco, insista em querer fazê-lo mudar de ideia."

O príncipe que conseguir fazer com que o povo tenha essa opinião sobre ele adquire grande estima e reputação; e quem goza de grande estima e reputação dificilmente torna-se vítima de conluios. Ao saber que o príncipe possui grande admiração do povo, seus adversários pensarão duas vezes antes de atacá-lo em público ou mesmo de conspirar contra ele em segredo.

Além disso, ele precisa ter dois cuidados: um interno, da parte de seus súditos; e outro externo, dos adversários e poderosos que não simpatizam com sua liderança. Das forças externas, ele deverá se defender com boas armas e bons aliados; e uma vez que tem armas, sempre terá bons aliados. As questões internas, por seu turno, estarão em paz sempre que as externas estiverem sob controle, a menos que a situação já esteja conturbada por algum tipo de conspiração.

Por isso, o príncipe deve sempre manter o controle sobre as relações externas. Pois, mesmo quando as coisas externas ameaçam se voltar contra ele, se estiver preparado, tiver tomado as precauções que já descrevi e não perder a cabeça, estará em condições de resistir a qualquer tipo de agitação.

2.

Vale sempre repetir, como citado acima, que um dos remédios mais eficientes que existem contra as conspirações é não se tornar odiado e desprezado pelas massas. A razão disso é que quem lidera uma conspiração pensa sempre que ao remover o príncipe do posto estará satisfazendo os desejos do povo e que, por isso, terá seu apoio. Se o conspirador perceber, no entanto, que ao

PODER & MANIPULAÇÃO

tentar remover o príncipe do cargo estará ofendendo o povo, certamente, não terá coragem de agir, pois sabe que, então, as dificuldades contra as quais teria de lutar seriam infinitas.

A história nos mostra que já houve muitas conspirações, mas poucas com êxito. Isso acontece porque o conspirador raramente consegue agir sozinho e só encontrará aliados naqueles que estiverem desgostosos com o príncipe.

Um fato curioso que nem sempre é levado em conta é que, quando se trata de uma conspiração, assim que alguém revela suas intenções a um descontente está dando a ele razões para seu contentamento: denunciar o próprio conspirador, pois, ao denunciar o conspirador, o descontente pode esperar inúmeras recompensas, todas, com certeza, maiores do que as possíveis vantagens que teria unindo-se ao conspirador. Ao denunciar o conspirador, o descontente pode ter certeza de certos benefícios e vantagens. Ao fazer parte da conspiração, entretanto, não terá certeza alguma, apenas dúvidas, ameaças e perigos.

Em resumo, do lado do conspirador não há muita coisa além do medo, da inveja e da suspeita de castigo que aterroriza qualquer um. Já do lado de quem detém o poder, entre outras vantagens, há o próprio poder, os cargos e a defesa dos amigos e aliados que o resguardam.

Levando todas essas questões em consideração, fica claro que apenas amigos inquestionáveis do conspirador (e esse tipo de amigo é muito raro) ou inimigos implacáveis do príncipe se conservarão fiéis à conspiração.

É preciso levar em conta, ainda, que o conspirador, além de temer os riscos antes e durante o golpe, também precisa temer a sequência de eventos que sucedem o golpe. E mesmo que obtenha êxito durante o golpe, se ele tiver o povo como inimigo após isso, não poderá esperar por nenhum tipo de refúgio ou triunfo duradouro.

3.

Eu poderia citar aqui diversos exemplos sobre esse tema, mas creio que um só é o suficiente. Em junho de 1445, Aníbal Bentivoglio, então príncipe de Bolonha, foi assassinado por uma conspiração arquitetada por membros da família Ganneschi. Revoltado com o assassinato de Aníbal, o povo de Bolonha rebelou-se contra os conspiradores matando toda a família Ganneschi. Com a morte de Aníbal, o único herdeiro que restou na família Bentivoglio foi Giovanni, seu filho. Giovanni, no entanto, ainda era uma criança de colo. Em respeito, e pela admiração que tinham por Aníbal, o povo quis, a todo custo, manter seus herdeiros no poder. Assim, descobriu-se que a oitenta quilômetros de Bolonha, em Florença, existia um jovem, filho de um ferreiro, que pertencia à família Bentivoglio. Os bolonheses foram buscá-lo e lhe deram o governo da cidade. Ele a governou até que Giovanni alcançasse idade suficiente para assumir o poder.

> "Quando um líder é amado pelo povo, ele não deve se importar com as conspirações, mas quando o povo é seu inimigo e o odeia, deve temer a tudo e a todos."

Com esse exemplo, quero reforçar a ideia de que, sendo benquisto e respeitado pelo povo, um príncipe não deve se importar muito com possíveis conspirações. Entretanto, se o povo é seu inimigo e o odeia, deve temer a tudo e a todos, o tempo inteiro.

Quando o objetivo é manter-se no poder, príncipes e governantes que são sábios e cautelosos têm enorme cuidado com duas coisas: primeiro, em não provocar a insatisfação e o desespero dos grandes e poderosos. Segundo, em satisfazer e contentar o povo. Essas são inquestionavelmente duas das questões mais importantes que eles devem manter em mente.

Para obter a simpatia dos poderosos e a admiração do povo, alguns lançam mão de uma importante artimanha: sempre que há a necessidade de impor um castigo ou uma pena, ou de fazer um anúncio que vá de encontro aos interesses do povo, o príncipe escala outra pessoa para fazê-lo. Porém, quando se deve anunciar algo que agrada o povo e os aliados, o próprio príncipe assume a responsabilidade de fazê-lo. Com isso, quando lembrarem seu nome, ele estará associado na memória somente a atitudes que originam sentimentos de afeto. Seguindo essas sugestões, dificilmente um príncipe será odiado ou desprezado pelo povo, tampouco pelos grandes e poderosos.

MAQUIAVEL
CAPÍTULO XIX
De como se deve evitar ser desprezado e odiado

ANÁLISE

Muitos poderiam pensar que ser presidente da República seria um enorme orgulho para a família e que ela faria qualquer coisa para proteger o membro ilustre. Se você é um dos que acreditam nisso, afaste esse pensamento de sua mente. Nossas maiores ameaças, descontentamentos e traições não vêm de pessoas estranhas, mas de familiares, amigos e colegas. Pense em quem foi o pivô das denúncias que fizeram Fernando Collor de Mello renunciar à presidência, em 1992. Foi algum estranho?

O caso Collor não é uma excessão. Os livros de história, e até mesmo a Bíblia, estão cheios de relatos de membros de famílias conspirando abertamente entre si. Pense em José que, por ter sido o escolhido de Deus, foi amarrado, atirado num poço e, depois, vendido como escravo por seus irmãos. Todos nós conhecemos histórias assim envolvendo traições e brigas entre familiares, conhecidos e amigos.

Qual é o problema?

Muitas vezes, nós nos preocupamos demais em parecer perfeitos e impecáveis e tentamos ao máximo omitir nossos defeitos, achando que assim seremos benquistos e admirados. Nada pode estar mais errado. Quando agimos assim, ignoramos completamente o risco que corremos ao tentar parecer perfeitos demais. Dar a impressão de não ter falhas ou fraquezas é perigoso porque desperta inveja. E a inveja, como já vimos, cria inimigos silenciosos que complicam tremendamente nossas vidas.

Por isso, é melhor colocar-se sempre no mesmo nível daqueles a sua volta, confessando problemas, dificuldades ou mesmo defeitos, para evitar que eles contaminem sua vida com inveja, ódio e mesquinharias.

Se você possui alguma intenção de se destacar na vida, precisa saber lidar com seus problemas e com os seus adversários. Um líder deve ter claro que a melhor resposta para pequenos incômodos e provocações é o desprezo e a indiferença. Ele jamais deve deixar transparecer que uma provocação, fofoca ou um comentário inapropriado o afetou. Isso colocaria em xeque seu poder, sua autoridade e, por fim, sua superioridade sobre aquele que o está provocando ou desafiando.

Há um princípio do qual você não pode fugir: sempre que você der atenção demasiada a uma pessoa, ela passará a influenciá-lo em certo sentido. Essa influência coloca o outro no mesmo nível em que você está. Suas escolhas, decisões e atitudes passam a levar em conta os movimentos do outro. E, com isso, você perde a iniciativa: é o outro, através das ações dele, que passa a definir o que você fará.

Ao abrir sua consciência, ao tornar-se sensível às ações de outra pessoa, mesmo que seja apenas para responder ao ataque dela, você está se abrindo à influência desse alguém. Não há como fugir disso. Essa é a dinâmica natural do processo das interações. Por outro lado, ao ignorar uma provocação, você desarma e anula a intenção do oponente, por não dar espaço para que ele execute sua estratégia de ataque e, assim, você o exclui do processo de interação.

Ignorar e desprezar a tentativa de outras pessoas em chamar sua atenção com provocações e acusações têm um tremendo poder, porque um dos motivos pelos quais elas fazem isso é chamar sua atenção. E ao ignorá-las, você não reconhece sua legitimidade em atacá-lo e desdenha de sua força e poder. Com isso, não alimenta a discussão. Neste caso, você fica com a iniciativa.

Então, a partir de hoje, adote essa regra: ignore as fofocas e provocações. Indiferença e desprezo são a arma dos poderosos. É você que decide se alguma coisa vai incomodá-lo ou não. Você pode desenvolver a habilidade de desprezar aquilo que não gosta decidindo que o assunto é algo fútil, raso e insignificante demais para merecer sua atenção.

CAPÍTULO 8

DOS ASSESSORES E ASSISTENTES

DE O *PRÍNCIPE*

A escolha dos secretários e assessores é tarefa de extrema importância para o príncipe. O nível de qualidade desses indivíduos — se eles são adequados ou não para cada cargo — depende diretamente de sua sabedoria. Por isso, a primeira impressão que se tem a respeito da inteligência e capacidade do príncipe resulta da observação daqueles que ele tem a sua volta.

> "A primeira opinião que se tem a respeito da inteligência e da capacidade de um líder resulta da observação das pessoas que ele tem a sua volta."

Quando os membros da equipe que o assessora são competentes e fiéis, pode-se dizer que o príncipe é sábio, pois soube reconhecer a qualidade nos membros que escolheu para assessorá-lo e mantê-los fiéis a si. Do contrário, sempre se deve suspeitar das habilidades do príncipe, pois terá cometido um erro grave numa tarefa de extrema importância.

No meu tempo, por exemplo, ninguém que conhecesse Antônio da Venafro e soubesse que ele era ministro de Pandolfo Petrucci, senhor de Siena, deixaria de supor que Petrucci deveria ser um homem de muito valor pelo fato de ter escolhido um ministro como Venafro.

> "Há três tipos de intelecto: aquele que é capaz de entender as coisas por si mesmo; aquele que é capaz de entender as coisas que os outros lhe dizem; e um terceiro que não entende as coisas por si mesmo e tampouco é capaz de entender o que os outros dizem."

Há, em verdade, três tipos de intelecto: aquele que é capaz de entender as coisas por si mesmo; aquele que é capaz de entender as coisas que os outros lhe dizem; e um terceiro que não entende as coisas por si mesmo e tampouco é capaz de entender o que os outros lhe dizem. Considerando-se essas três classes de intelecto, pode-se concluir que a primeira é excelente, a segunda, muito boa, e a terceira, inútil.

No caso de Pandolfo, estavam todos de acordo que se ele não estava no primeiro caso, enquadrava-se, sem dúvida, no segundo. Por essa razão, compreender isso e saber escolher pessoas que complementam as qualidades e deficiências do príncipe é, talvez, seu papel mais importante.

2.

Um príncipe que tem a capacidade de reconhecer o bem e o mal que alguém diga ou faça, ainda que não tenha iniciativa própria, sabe diferenciar as boas e as más obras realizadas e assim pode encorajar as primeiras e corrigir as segundas. Quando pelo menos essa capacidade estiver evidente no líder, os membros de sua equipe dificilmente terão a ousadia de tentar enganá-lo e, por isso, tenderão a conservar-se leais.

Há um modo que ajuda a reconhecer a lealdade do assessor e que raramente falha: basta observar seu comportamento. Quando se perceber que ele pensa mais em si mesmo do que no príncipe e, com suas ações, procura sempre tirar proveito pessoal, pode-se ter certeza de que não é bom nem leal e, neste caso, nunca se poderá confiar nele.

A pessoa que tem em suas mãos os negócios de alguém superior a si, quando trata desses negócios, não deve pensar em si próprio, mas apenas no superior a quem assessora. Da mesma forma, não deve se ocupar com coisas aleatórias que não estejam diretamente ligadas aos interesses do seu superior.

Por outro lado, o príncipe que quiser manter os membros da sua equipe prestativos e leais deve, por sua vez, constantemente pensar no bem-estar deles. Entre outras coisas, deve honrá-los, torná-los prósperos, trazê-los para seus círculos de relações e sobrecarregá-los de honrarias e cargos. O príncipe precisa agir de tal forma para que o assessor não seja capaz de se manter sem ele. Deve agir de tal maneira que as muitas honrarias não o façam desejar outras; para que as muitas riquezas evitem que deseje riquezas ainda maiores; e para que os laços de amizade não o façam temer conspirações e mudanças que possam prejudicá-lo.

Quando os assessores e o príncipe agem dessa forma, podem contar com confiança mútua e o resultado dessa aliança, por consequência, será uma liderança bem-sucedida. Sendo de outra forma, o fim, com certeza, será desastroso para todos, tanto para os membros da equipe quanto para aquele que os comanda.

MAQUIAVEL
CAPÍTULO XXII
Dos ministros dos príncipes

ANÁLISE

Você pode achar péssimo o que direi a seguir, mas se pensar um pouco sobre isso, verá que é assim que o mundo funciona: líderes inovadores, em geral, sempre são o resultado de equipes de pessoas trabalhando em colaboração onde apenas um, o líder, fica com o crédito.

Um exemplo clássico disso é Steve Jobs, considerado por muitos o Leonardo Da Vinci moderno, por seu tremendo poder de inovação. Jobs levou os créditos pelo Macintoch, mas quem fez a maior parte do trabalho foi Steve Wosniak. Jobs também é festejado como o criador da Pixar, mas quem realmente fez o trabalho que resultou no sucesso da produtora foram Edwin Catmull e John Lasseter. A ideia do iPod, outro sucesso atribuído a Jobs, veio de Tony Fadell. E Jonathan Ive foi o grande responsável pelo desenvolvimento do iPhone e do iPad. Os créditos, no entanto, ficaram todos para Jobs.

Portanto, se quiser obter poder e prestígio, siga a regra geral de todos os grandes líderes: nunca faça o que outro puder fazer tão bem ou melhor do que você. Leve isso ao pé da letra e, com o tempo, você fará progressos tremendos. A pessoa que deseja realizar tudo sozinha não obterá grandes progressos. Mas você também não pode progredir cercado de gente incompetente, despreparada e com uma mentalidade falida. Por isso, encontre gente com o talento, a criatividade e a sabedoria necessários para ajudar a elevá-lo ao topo. Seja esperto: primeiro, procure e identifique as grandes tendências e oportunidades, depois, contrate os melhores profissionais do mercado para fazerem o trabalho por você, e, por fim, use-os em favor da sua causa e assuma, legalmente, o crédito pelo trabalho deles. O auxílio dessas pessoas, além de lhe economizar tempo e energia, fará com que você pareça um gênio em inovação, conhecimento, eficiência e eficácia. Siga o exemplo dos Steve Jobs do mundo.

Nesse processo, tome algumas precauções. Evite o risco de ficar à sombra de quem está abaixo de você. Sempre tenha em mente que a autoria por um trabalho ou criação — seja uma ideia, obra ou invenção — é tão importante como a própria criação. Portanto, por mais injusto que isso possa parecer (e eu odeio ter que dizer isso, mas essa é a regra), mantenha para si os créditos pelas ideias e criações que estão sob sua tutela.

Uma vez que sua ideia ou produto estiver pronto, apresente-o ao público num evento exclusivo e estratégico no qual você será a estrela. Reconheça a ajuda da equipe, edifique-a, elogie-a, mas deixe subentendido, de forma muito clara, que o gênio é você (e não aqueles que fizeram o trabalho). Coloque sua imagem à frente da imagem deles. Faça com que o talento, a criatividade e a sabedoria deles pareçam seus. Deixe claro que eles são membros importantes da orquestra, mas você é o maestro.

Esteja atento e vigilante. Mantenha tudo sob seu controle. Não permita que ninguém fale publicamente da sua nova invenção antes de você. Compreenda: assim como você está se apropriando do trabalho dos outros, haverá outros querendo se apropriar do seu. Nunca permita isso, a menos que você esteja numa situação inferior ou caso não se importe em viver na obscuridade.

Cerque-se de gente corajosa, criativa e confiante, com todas as habilidades que lhe faltam, pessoas que criam ideias e as colocam em prática, que geram riqueza e poder para você e para si mesmas; mas tenha sempre o cuidado de estar no controle de tudo. A regra é esta: assuma legalmente o crédito do trabalho dos que estão abaixo de você e dê o crédito do seu trabalho aos que estão acima de você — a menos que seu superior seja um trouxa que não se importe em perder o posto para você.

CAPÍTULO 9

DE COMO ESCAPAR DOS BAJULA-DORES

DE O *PRÍNCIPE*

Não posso omitir-me de um ponto importante, do qual pode ser difícil evitar erros graves, sobretudo quando o príncipe não souber escolher com sabedoria. Refiro-me aos bajuladores, uma praga presente em todos os níveis de relacionamentos, mas principalmente nos que envolvem o poder. A única preocupação dessas pessoas é agradar. Por isso, escondem o que na verdade pensam e sentem e dizem apenas aquilo que soa doce e suave aos ouvidos daqueles em cujas graças pretendem cair.

> "As pessoas se comprazem tanto nas coisas que dizem respeito a elas próprias, e se deixam enganar tão facilmente sobre si, que é difícil querer se libertar da bajulação."

O problema é que as pessoas se comprazem tanto nas coisas que dizem respeito a elas próprias, e se deixam enganar tão facilmente sobre si, que é difícil *querer* se libertar da bajulação. Além disso, mesmo quando se quer evitá-la, corre-se o sério risco de cair em desconsideração. Pois não há outro modo de alguém se livrar da bajulação senão deixando claro a todos que não se ofende com a verdade. Entretanto, quando alguém se sente no direito de dizer para aquele que está no poder tudo o que pensa, ele dificilmente conseguirá impor respeito.

O príncipe que age com sabedoria deve, portanto, portar-se de outra maneira: escolher um grupo de pessoas igualmente sábias e formar um time de conselheiros. E a eles (e só a eles) deve dar o direito de dizer-lhe a verdade, porém, somente sobre as questões cujo esclarecimento ele solicitar; nada além. O príncipe deve consultar esses conselheiros a respeito de tudo e suas análises devem ser ouvidas com atenção, para deliberar depois como julgar melhor sobre os conselhos do grupo.

Contudo, o príncipe deve comportar-se de modo que seus conselheiros percebam que com quanto mais liberdade falarem, mais facilmente suas opiniões serão aceitas. Fora esse grupo de conselheiros, ele não deve ouvir nenhuma outra pessoa. Quando falar ou debater questões publicamente, há de ir direto ao assunto e se manter firme em suas posições.

Se não seguir essa regra, o príncipe será enganado pela opinião dos aduladores ou mudará demais seu parecer, passando uma imagem de inseguro e confuso, o que resultará em falta de respeito e confiança.

2.

Quero, a este propósito, trazer um exemplo importante: o bispo Lucas, homem de confiança do imperador Maximiliano. Referindo-se a sua majestade, Lucas disse que Maximiliano não se aconselhava com ninguém, mas também não confiava nunca somente no seu próprio juízo. Isso acontecia porque o imperador não seguia o conselho que descrevi acima. Sendo um homem discreto, Maximiliano não discutia seus planos com ninguém e também não pedia opiniões. No momento, porém, de pôr em prática as suas deliberações, as pessoas a sua volta imediatamente apontavam seus problemas e falhas, fazendo-o reconhecer seus equívocos e voltar atrás nas suas decisões. Resultado disso é que as coisas que ele fazia num dia, destruía no outro. Além do que, não havia modo de saber quais as pretensões, de fato, do príncipe, tampouco se podia contar com suas decisões, mesmo depois de serem tomadas, o que afetou drasticamente sua liderança.

Um príncipe sempre deve buscar conselhos antes de tomar suas decisões. Mas esses conselhos devem ser solicitados por ele e apenas quando ele achar necessário; não quando os outros os quiserem dar. Para ser ainda mais incisivo, é aconselhável, inclusive, que ele proíba as pessoas de lhe oferecerem conselhos sem que ele os solicite.

O príncipe sábio pergunta muito e ouve pacientemente. E ao perceber que alguém, por medo ou por qualquer motivo, não lhe fala a verdade, deve mostrar abertamente o seu desprazer.

3.

Muitos entendem que o mérito dos príncipes que adquirem reputação de sábios não é deles, mas sim dos conselheiros que eles escolheram para os auxiliarem. Pensar assim é ingênuo, porque é regra geral que um príncipe que não é sábio por si mesmo, tampouco o será se bem aconselhado — a menos que não faça valer sua opinião própria e costume acatar os conselhos de um só conselheiro, muito sábio, que lhe aponte sempre o caminho a seguir. Este caso pode acontecer, mas duraria pouco. Porque o conselheiro sábio – que neste caso é quem de fato governa — em pouco tempo lhe tomaria o posto.

Ao aconselhar-se com mais de um, porém, alguém que não seja sábio não conseguirá tirar uma conclusão sensata dos diferentes conselhos do grupo, nem saberá harmonizá-los. Cada conselheiro terá em mente seus próprios interesses e o príncipe precisará saber interpretá-los pelo que cada um representa, bem como tirar o melhor juízo a respeito.

> "A sabedoria do líder não vem dos bons conselhos, mas, pelo contrário, os bons conselhos vêm sempre da sabedoria do líder."

Ele deve entender também que os conselheiros são inclinados por sua natureza a agir dessa maneira, pois as pessoas serão sempre más para o outro, a não ser que a necessidade ou os interesses as forcem a ser boas. E disso tudo conclui-se que a sabedoria do príncipe não vem dos bons conselhos, mas, pelo contrário, os bons conselhos vêm sempre da sabedoria do príncipe.

> **MAQUIAVEL**
> CAPÍTULO XXIII
> *De como se evitam os aduladores*

ANÁLISE

A bajulação não é um problema exclusivo dos poderosos. Ela é extremamente comum entre todos os indivíduos. Os ambientes sociais, mesmo os mais vulgares, estão infestados de pessoas famintas à caça de outras que elas consideram maiores, mais corajosas, mais felizes, mais ricas, mais bonitas — e que estejam acima da vulgaridade em que elas se sentem imersas — para poder sugá-las.

Se você quer se tornar alguém notável, evite, a todo custo, ser um desses bajuladores indesejados que infectam os meios sociais onde reinam vestígios de poder e prestígio.

E se você ocupa um lugar de destaque e quer se libertar dessa praga, siga estes dois passos:

AUMENTE A IMPORTÂNCIA DE SUA PRESENÇA TORNANDO-SE MENOS ACESSÍVEL. Evite estar disponível e acessível a qualquer um ou durante tempo demais. É importante que você tenha uma

PODER & MANIPULAÇÃO

presença forte — isso atrairá a atenção e o poder. Mas tenha cuidado para não se expor demais. Faça retiradas estratégicas de cenário, pois elas aumentam seu poder e sua glória. O que é raro e de difícil acesso torna-se cobiçado, admirado, valorizado e desejado. O que está constantemente a nossa disposição torna-se comum e em algum momento perde a importância.

Quando as pessoas começarem a tratá-lo como alguém familiar, possivelmente, será por você estar exagerando na sua exposição e elas logo cansarão da sua imagem. Você está perdendo o prestígio, o encanto e a magia que tinha e logo será tratado como uma pessoa qualquer. Para evitar esse tipo de desgaste, dificulte o acesso, faça com que os outros valorizem sua presença como algo raro e especial, faça-os ansiar pela sua presença. Para isso, evite se perder entre o ordinário, tornar-se invisível pelo óbvio ou cair no esquecimento por preguiça ou timidez. No momento certo, retire-se de cena para não se tornar um ponto comum na vida dos demais. A exposição exagerada fará com que as pessoas percam a admiração e o respeito por você.

TORNE-SE UM MESTRE DA IMPREVISIBILIDADE. Tenha posições claras e firmes, mas evite, a todo custo, tornar-se previsível. Nunca deixe claro qual será seu próximo passo. Crie uma aura de mistério a sua volta, carregue sempre uma carta na manga e introduza-a no jogo quando os demais menos esperarem. Faça tudo estrategicamente, abra de propósito uma lacuna no seu plano, crie uma deficiência visível a qualquer um, provoque a curiosidade dos outros e também o desejo de antecipação em suas mentes, faça-os pensar que você está sem saída e então, com suspense, apresente a solução: tire a carta da manga e magicamente preencha a lacuna que deixou aberta. Use todas as armas para seduzir, encantar e até mesmo, quando necessário, intimidar com o seu silêncio. Faça isso e as pessoas morrerão por você.

Não se distraia com pensamentos bobos, tenha sempre certeza: é isso o que grandes líderes fazem. Um vídeo que se tornou famoso mostra Barack Obama entrando no avião sem cumprimentar o segurança que fazia guarda no pé da escada da aeronave. Após sumir por alguns segundos no corpo da aeronave, Obama retorna, desce as escadas, cumprimenta o guarda e volta a entrar no avião. Tudo feito estrategicamente, tudo planejado, e o povo vai à loucura com o extraordinário caráter do líder americano. E esse não é o único: existem dezenas desses vídeos circulando por aí.

A lógica de suspender as pessoas com sacadas assim é essa: ao adivinhar seu próximo passo, as pessoas se sentem superiores a você e acreditam estar no controle da situação porque sabem o que você fará em seguida. Por isso, sempre que necessário, confunda-as sobre o que você pensa. Mostre-se capaz de fazer manobras. Planeje seus movimentos de maneira que você as surpreenda, quebre as expectativas delas. Assim, você manterá seu respeito e despistará os bajuladores de plantão que são covardes demais para conviver com o imprevisível.

CAPÍTULO 10

DA FIDELIDADE DAQUELES QUE NOS AJUDAM A CONQUISTAR O PODER

DE O *PRÍNCIPE*

As pessoas trocam de governante pensando sempre em melhorar. E essa crença leva-as a se erguer contra seu governante atual para substituí-lo. Ao trocar de governante na tentativa de melhorar, muitas vezes, enganam-se e percebem pela experiência própria terem piorado.

Alguns, pelos mais diversos motivos, não gostam do príncipe. Outros que o ajudam a tomar o poder o fazem por interesses próprios. Auxiliando-o a chegar ao topo, eles próprios esperam subir pelo menos alguns degraus.

> "Ao assumir o poder, o líder terá como adversários todos os seus inimigos naturais, e também os que ali o colocaram."

Assim, são seus inimigos todos os que se julgam ofendidos com o fato de você estar ocupando o poder; e também não considere amigos os que ali o colocaram, porque você não poderá satisfazer as expectativas deles de acordo com o que eles esperavam. Você não poderá ignorá-los ou desprezá-los, por estar comprometido com eles; e ainda que o faça, deve cuidar para não se tornar por eles odiado.

Por esse motivo, no meu tempo, Luís XII, rei de França, ocupou Milão com rapidez e a perdeu com uma rapidez ainda maior. A população que abrira as portas ao rei, dando-se conta de seu erro, logo revoltou-se contra ele.

2.

Um príncipe sábio, por isso, não pode apenas ocupar-se com o presente. Ele precisa ter a habilidade de prever circunstâncias futuras e, se preciso, preveni-las com máxima perícia, de tal modo que seja fácil corrigi-las. Não deve permitir que os acontecimentos se delineiem por conta própria para depois querer corrigi-los. Quando é assim, muitas vezes, o remédio não chega a tempo, o que torna a doença incurável. Médicos afirmam sobre a tuberculose que, no início, sua cura é fácil, mas é difícil diagnosticá-la. Em estágio mais avançado, é fácil diagnosticá-la, mas difícil curá-la. Acontece o mesmo em relação ao poder: diagnosticando-se os males com antecedência — o que é concedido apenas aos príncipes sábios —, logo dá-se a cura; mas quando ignorados, eles aumentam a ponto de todos os conhecerem, mas não há mais como remediá-los.

O desejo de conquista é uma característica natural e comum nas pessoas, e aquelas que podem satisfazê-lo serão louvadas sempre e raramente recriminadas. Mas não o podendo, e querendo fazê-lo a qualquer custo, decerto cometerão um erro e deverão ser impedidas.

Tira-se daí uma regra geral que não costuma falhar: quando um é causa do poder de outro, facilmente arruína-se. Por isso, uma vez no poder, o príncipe deve a todos considerar – amigos e inimigos —, mas não pode depender de nenhum deles. Sendo sábio, não deve permitir que nem um nem o outro determine o destino de sua liderança, tarefa que é de responsabilidade unicamente sua.

Por isso, ele precisa sempre ter o controle da situação. Saber que se encontra só no poder e perceber qualquer sinal de infidelidade. Ele deve saber quando pode confiar no tempo para resolver os problemas, como fazem os sábios. Mas também deve saber quando precisa impor-se para, com sua própria virtude e prudência, antecipar-se aos fatos e, assim, transmudar o mal em bem.

> **MAQUIAVEL**
> CAPÍTULO III
> *Dos principados mistos*

ANÁLISE

Há uma conversa boba por aí de que você deve dizer seus planos publicamente para comprometer-se com eles. Pessoas com poder raramente revelam seus verdadeiros planos, interesses e, muito menos, suas estratégias. Elas sabem que isso chamaria a atenção de invejosos e da concorrência e que isso em nada as ajudaria. A estratégia que esses indivíduos usam para conquistar seus territórios é outra: pequenas atitudes, avanços lentos, quase imperceptíveis, que levemente nos chamam a atenção, provocando mais a curiosidade do que qualquer outro sentimento; e quando menos percebemos, eles não só invadiram o território que cobiçavam como já se ocuparam plenamente dele.

Se quiser descobrir os planos de alguém assim, fique alerta para pequenos sinais, movimentos discretos, perguntas fora de contexto, insinuações bem elaboradas, histórias que não se encaixam. Antes de se convencer de que você descobriu a intenção verdadeira dessa pessoa, por mais convincente que as coisas pareçam, investigue, faça muitas perguntas cruzadas, tente trazer outras pessoas para a conversa. Depois, vá atrás delas para checar as informações. Todo esforço vale a pena, pois pode lhe fazer economizar um tremendo tempo, dinheiro e ressentimento no futuro.

Por outro lado, se você deseja conquistar poder, o primeiro passo sempre é ter uma visão clara do que realmente quer conquistar. Em seguida, mapeie o território, divida-o em pequenas áreas que devem ser conquistadas uma a uma. Controle-se. Não tenha pressa. Avance com discrição e sem fazer alarde. Transforme o tempo em seu aliado. Se você se precipitar, os outros notarão sua ambição e, na certa, começarão a sabotá-lo. Mas se agir discretamente, quando eles se derem conta, você já estará muito acima de seu poder de fogo e, em vez de tentar derrubá-lo, lhe devotarão respeito e admiração.

Lembre-se de que somos seres naturalmente impacientes. Temos dificuldade em esperar. Queremos nossos desejos satisfeitos o mais rápido possível. Isso é uma deficiência crônica e muito séria, porque nos torna vulneráveis a nossas emoções. Fazemos escolhas sem pensar e, com isso, limitamos nossas opções, nos metendo, muitas vezes, em encrencas desnecessárias. Um pouco de paciência, por outro lado, nos proporciona enormes vantagens, porque expande imediatamente nossas possibilidades. Ela nos permite analisar todas as opções e buscar oportunidades escondidas. Em vez de saltar de um negócio para o outro, você economiza seu tempo e sua energia para o momento certo. Você terá tempo para refletir, para tirar vantagens sobre os erros dos outros e analisar possíveis saídas diante dos obstáculos. Se fizer isso, você encontrará caminhos lucrativos onde outros apenas veem problemas e adversidades.

CAPÍTULO 11

DAS ALIANÇAS E APOIOS — QUANDO ALIADOS SÃO BENÉFICOS OU NÃO

DE O *PRÍNCIPE*

Alguns príncipes, para manter o poder sobre seus domínios, desarmaram seus cidadãos; outros, os armaram; alguns estimularam a divisão de seu domínios; outros, nutriram inimizades, incentivando-os a combaterem-se mutuamente; outros, ainda, buscaram o apoio daqueles que antes eram seus inimigos; alguns edificaram fortalezas para se proteger; outros, as derrubaram, destruindo-as. E, embora essas ações todas não possam ser julgadas em definitivo a menos que se examinem as particularidades do contexto em que elas aconteceram, falarei aqui, de um modo abrangente, sobre os diferentes tipos de segurança e da ordem das alianças que criam essa segurança.

> "A melhor aliança que existe é não ser odiado pelo povo."

Para começar, devo dizer que nunca conheci um príncipe novo que tenha desarmado os seus cidadãos. Pelo contrário, sempre que os encontrou desarmados, armou-os. A vantagem em armá-los está no fato de que essas armas tornam-se suas e aqueles que lhe pareciam suspeitos se tornarão fiéis; aqueles que já o eram, conservam-se; e, de meros cidadãos, se transformam em seus seguidores.

> "Aliados são importantíssimos, uma vez que as forças do líder não dependem dele."

E como não se pode armar a sociedade toda, uma vez que você beneficie aqueles a quem arma, pode agir de um modo mais seguro com os demais. A diferença de tratamento com os primeiros os obriga a serem gratos a você, e os outros o desculpam, julgando que aqueles que estão expostos a perigos maiores e ligados a você, por efeito dessas obrigações, merecem uma recompensa maior.

Por outro lado, desarmando-os, você já começa por ofendê-los, mostrando que desconfia deles, seja porque você é covarde, seja porque é falso ou ainda por achá-los irresponsáveis a ponto de não permitir que tenham em mãos algo perigoso. Qualquer uma dessas opiniões criará ódio contra você. E como não pode ficar indefeso, terá que recorrer a forças mercenárias. Mesmo sendo útil, um aliado mercenário não tem poder ou interesse suficiente para defendê-lo dos inimigos poderosos nem tampouco do desejo de vingança daqueles que o querem longe do poder.

Porém, quando se tem conhecimento de forças armadas que estão contra o poder, faz-se necessário desarmar essas forças. Ou, pelo menos, com o tempo, dar-lhes privilégios que as tornem apáticas e amolecidas, para, depois, desarmá-las. Afinal, é muito prudente que todas as armas estejam com suas próprias forças.

Não há dúvida de que os príncipes tornam-se grandes superando dificuldades e as oposições que lhe são feitas. Por isso, quando se faz necessário elevar sua reputação diante de seus aliados ou adversários, é uma atitude inteligente, muitas vezes, criar um inimigo mais frágil e, depois, enfrentá-lo a fim de que se tenha a oportunidade de vencê-lo e assim subir ainda mais, valendo-se daquela escada que o próprio inimigo lhe estende.

2.

Muitos príncipes, sobretudo aqueles que recém conquistaram esse título, encontram mais lealdade e apoio naqueles que no início do seu governo lhes eram suspeitos do que naqueles que, nessa época, lhes haviam demonstrado absoluta confiança e jurado apoio integral.

Um exemplo era Pandolfo Petrucci, senhor de Siena. Petrucci dirigia o Estado mais com o auxílio daqueles que um dia infundiram-lhe suspeita do que com os outros em quem tivera confiança. Mas sobre isso não é possível estabelecer regras gerais, pois essas alianças e esse tipo de apoio variam muito de acordo com as circunstâncias de cada caso. Contudo, sobre esse tema, posso afirmar o seguinte: será sempre facílimo para um príncipe aliciar aquelas pessoas que lhe eram hostis na origem de seu governo se elas precisarem de apoio para manter-se. Pois elas farão um esforço enorme para provar sua lealdade e anular, pelas ações, aquela péssima opinião que imaginam que o príncipe tenha a seu respeito. Assim, ele poderá obter mais benefícios de seus antigos adversários do que daqueles que, por ter demasia segurança ou mesmo por ambição, negligenciam os interesses do príncipe.

Por exigência do próprio tema, considero, ainda, importante lembrar a um príncipe que tenha subido ao poder pelo apoio popular a conveniência de refletir sobre que motivos moveram aqueles que o auxiliaram a agir em seu favor. Em geral esses motivos são dois: a afeição natural pelo príncipe ou o descontentamento com o governo anterior. Se o príncipe foi levado ao posto pelo descontentamento ao governante anterior, será muito difícil conservar o apoio do povo, pois será quase impossível que possa de fato vir a contentá-los.

Examinando com atenção a causa disso, e considerando os exemplos das coisas antigas e modernas, percebe-se que é muito mais fácil conquistar a simpatia daqueles que estavam contentes com o governo anterior — e que, por isso, o príncipe, num dado momento, teve inimigos — do que daqueles que, com ele descontentes, se fizeram aliados do príncipe atual auxiliando-o na ocupação do posto.

> **MAQUIAVEL**
> CAPÍTULO XX
> *Se as fortalezas e muitas outras coisas que a cada dia*
> *são feitas pelo príncipe são úteis ou não*

ANÁLISE

A necessidade move o mundo. Se você não tem nada que o faça ser extremamente necessário para o outro, ele o deixará de lado no primeiro obstáculo que se impuser entre vocês dois. Mas se você se tornar indispensável para o outro, se preencher as lacunas de suas deficiências e de suas fraquezas, desenvolverá enorme poder sobre ele e, na certa, poderá obter tudo o que quiser dessa pessoa. E quando aquilo que o outro tem a lhe oferecer em troca de seu trabalho não for mais o suficiente, sempre haverá alguém disposto a pagar mais por sua competência.

Portanto, encontre uma maneira de fazer dependentes de você aqueles que o mantêm onde você está. Entenda: na verdade, ninguém é indispensável, mas você precisa fazer com que aqueles que dependem de você acreditem que você é. Torne seu produto tão necessário na vida deles que, se você cogitar sair delas, eles não terão ninguém à altura para substituí-lo. Sirva-os de tal modo que, caso você ameace renunciar ao seu posto, tudo o que eles vejam diante de sua renúncia seja problemas, dificuldades e prejuízos. Sua desistência, ou mesmo dispensa, deve representar um desastre ou até mesmo o fim de jogo para eles. Quanto maior a dependência deles, maior será a sua liberdade.

Uma pergunta fundamental que você deve se fazer é: o que verdadeiramente me separa da maioria? Para obter poder, você precisa ter algo, alguma habilidade ou qualidade, que o separe da massa comum. Algo em que você seja tão incrível que, uma vez dispensado por um líder, sempre encontrará uma fila de outros líderes a sua espera.

PODER & MANIPULAÇÃO

PENSE NISSO: escolha uma atividade e se especialize nela. Torne-se o único capaz de fazer aquilo que você faz, de fornecer aquilo que você fornece e de dar aquilo que você dá, da forma como faz. Seja singular. Desenvolva em si mesmo um talento ou nível de criatividade difícil de substituir.

Não espere que aqueles que dependem de você gostem ou o admirem ou, até mesmo, lhe devam gratidão. Seja frio no seu trabalho. Lembre-se, como vimos antes, que, nesse tipo de relação, sentimentos de afeto e amizade não são muito importantes, porque eles facilmente serão abandonados por interesses mais palpáveis. É muito mais relevante fazer com que as pessoas tenham respeito por você e não queiram nem mesmo cogitar perdê-lo por causa dos riscos que isso representaria para elas. Compreenda: em termos profissionais, é melhor que os outros dependam de você pela sua capacidade e pelo medo das consequências que perdê-lo representaria do que por amizade, simpatia, gratidão ou generosidade.

Tenha sempre em mente as grandes vantagens que existem em tornar-se indispensável dentro de uma empresa ou corporação. Uma vez que você consiga estabelecer uma relação na qual você se torne imprescindível aos olhos de seus superiores, mesmo estando num nível inferior, será você quem estará no controle. As rédeas do comando estarão em suas mãos. E, com sutileza e astúcia, você conseguirá do seu superior tudo o que desejar. Na realidade, você se tornará a pessoa poderosa que age na sombra, por trás do líder, aquele que realmente define as regras do jogo. E, neste caso, o poder estará com você, e não com seu superior. Por isso, nunca seja leviano nas suas relações. Descubra um vácuo, um espaço essencial que esteja vazio e o preencha com sua competência. E, aos poucos, firme sua posição, construa a influência que, com o tempo, o tornará imprescindível. Assegure-se de que você seja indispensável. Caso contrário, mais cedo ou mais tarde, aparecerá alguém melhor do que você, com qualidades superiores às suas e você será rebaixado do seu posto ou, se preciso, dispensado sem qualquer hesitação.

91

CAPÍTULO 12

DOS TIPOS DE LIDERANÇA E DAS SUAS VANTAGENS E DESVANTA-GENS

DE O *PRÍNCIPE*

Se considerarmos os desafios com os quais se deve contar para manter um Estado recém-conquistado, causará espanto o fato de, tendo Alexandre Magno, rei da Macedônia, conseguido, em poucos anos, derrotar as tropas de Dário III, tornar-se senhor absoluto da Ásia e morrido logo em seguida à conquista daqueles territórios, o povo da Ásia não ter se revoltado com os sucessores de Alexandre Magno, como seria de se esperar. Os sucessores de Alexandre, contudo, mantiveram-se senhores da Ásia. E, para isso, não encontraram outros desafios senão os que surgiram entre eles mesmos, frutos de sua própria ambição.

> "O líder centralizador não tolera nenhuma liderança emergente que possa parecer uma ameaça."

Como isso se explica? Responderei dizendo que existem dois tipos de governo: ou o de um governante auxiliado por assessores que são apenas servos submissos que agem somente por graça e concessão de seu senhor; ou através de um governante cercado de líderes que, não por submissão, mas por herança ou por tradição assumem essa posição. No último caso, tais líderes têm liberdade e autonomia para tomar suas próprias decisões. A liberdade e autonomia exercida pelos assessores do príncipe não são fruto do favor dele, mas da tradição, virtude e do poder pessoal próprio de cada um dos assessores. E eles desempenham responsabilidades e mantêm seus próprios assessores, que os reconhecem como príncipes e dedicam-lhes afeto e admiração verdadeira e natural.

2.

Desses dois modos de governar temos os exemplos do governo turco e do reino da França. O governo turco é exercido por um governante centralizador que, tendo dividido o seu reino em subdivisões, tem assessores submissos, aos quais manipula, mudando-os e deslocando-os como bem entende. O rei da França, ao contrário, é assessorado por um grupo de lideranças menores cujo domínio se prende à tradição e que são reconhecidas e respeitadas em seus postos. Todos os membros do reinado têm poder independente e não pode o rei privá-los desse poder sem correr ele próprio sérios riscos.

> "Para conquistar o cargo ocupado por um líder centralizador é mais conveniente confiar nas forças próprias do que nas desordens internas do governo."

Ao analisar esses dois modelos de governo, alguém poderia presumir que o turco é o mais seguro. Contudo, uma vez que se conseguisse derrotá-lo e conquistá-lo, seria muito fácil manter-se no poder. A razão da dificuldade em conquistá-lo está no fato de todos os assessores serem submissos ao príncipe e de estarem no cargo por favores dele. Por terem satisfeitos os seus interesses próprios, fica mais difícil corrompê-los. E mesmo quando se corrompem, pouca vantagem se obtém deles, visto que não possuem poder pessoal e tampouco contam com o apoio do povo. Conclui-se disso que quem se pusesse em marcha contra a

Turquia deveria preocupar-se com o fato de encontrá-la unida; ser-lhe-ia, então, mais conveniente confiar nas forças próprias do que nas desordens internas do governo ou mesmo na fragilidade do príncipe. Mas, assim que vencida e desbaratada a luta, de maneira a não ser-lhe possível refazer os exércitos, não seria preciso ter grandes preocupações, senão com a deposição do príncipe. Uma vez deposto, não haveria mais a quem temer, pois os demais assessores não têm o respeito, a estima ou o domínio sobre o povo para se recompor. E, do mesmo modo que, antes da vitória, não podia se esperar nada deles em busca da conquista do Estado, depois da conquista, nada se tem a temer.

O oposto acontece nos reinos que a França governa. Neles, é possível entrar com facilidade pela aliança com algum barão do reino, pois existem sempre descontentes ou gente ambiciosa por tomar o lugar de quem está no comando. Esses barões facilmente podem ser convencidos a ajudar a abrir o caminho e facilitar a vitória sobre o governante que está no posto. O difícil, contudo, estará em se conservar nele. E não apenas os que você oprimiu criarão dificuldades nesse sentido, mas também aqueles que de início o auxiliaram. Não basta, nesse caso, extinguir o príncipe, uma vez que restarão os barões que logo se tornarão as cabeças de novas rebeliões. E não sendo possível contentá-los, lhe tomarão o Estado assim que tiverem uma chance.

3.

Com isso fica clara a resposta para a pergunta feita no início do capítulo. Considerando-se a natureza da liderança de Dário III, podemos perceber que ela é semelhante à do governante da Turquia. Se Alexandre precisou de muito esforço para desbaratar os exércitos de Dário III, após derrotá-lo não teve dificuldades em manter o Estado, conforme o que disse acima.

Mesmo após a morte de Alexandre, tivessem os sucessores se mantido unidos, poderiam ter desfrutado, ociosos, daquele reino por muitos anos. Afinal, não houve aí outras disputas senão aquelas que eles mesmos provocaram entre si.

Consideradas, portanto, essas coisas todas, não há mistério na facilidade com que Alexandre consolidou sua vitória na Ásia. Tampouco é difícil compreender as dificuldades que outros tiveram em conservar os reinos conquistados, como sucedeu a Pirro, que conquistou com muito esforço a Sicília, apenas para perdê-la pouco tempo depois. Essas conquistas e suas consequências são contingências originadas, como vimos, não do mérito do vencedor, mas nas diferenças dos povos conquistados.

> **MAQUIAVEL**
> *CAPÍTULO IV*
> *Por que razão o reino de Dário, ocupado por Alexandre,*
> *não se rebelou contra seus sucessores*

ANÁLISE

Na sociedade altamente competitiva e em constante mudança em que vivemos, há duas características essenciais que devem estar presentes nas qualidades daqueles que buscam o poder e a liderança: velocidade e capacidade de adaptação. Sobre elas, muito se comenta, mas ambas são cada vez mais raras. A razão disso é um tanto complexa, mas perfeitamente compreensível: por um lado, existe um excesso de informação à nossa disposição, o que impede o desenvolvimento de interpretações rápidas e decisões acertadas. Por outro, as equipes profissionais estão cada vez maiores e, com tanta informação disponível, as pessoas, cada vez mais, têm a ilusão de que são independentes, donas de conhecimento e também de si, o que dificulta seu gerenciamento e atrapalha sua capacidade de adaptação.

Por isso, a maioria das empresas e corporações está contaminada com gente despreparada, emocionalmente fraca, que não possui a habilidade de procurar opções diante dos obstáculos, que não sabe persistir inteligentemente pelo tempo necessário, que desiste diante das adversidades apenas dizendo que "não dá". Caro leitor: se ainda puder, se você tiver a chance, liberte-se desse tipo de profissional. Eles são um atraso na vida de qualquer empresa ou corporação.

A tendência natural da maior parte dos líderes ou gerentes é tentar controlar a equipe, liderar e coordenar cada ação. Livre-se dessa tendência, porque ela tornará o processo lento demais. Lembre-se: a essência do poder é manter-se no controle, ditar as regras, ter a liberdade da iniciativa e fazer com que os demais respondam a suas decisões mantendo-os sempre na defensiva. Mas um líder, por mais inteligente e poderoso que seja, é um ser humano como qualquer outro, portanto não possui o dom da onipresença. Desse modo, como nosso tempo, energia e recursos são limitados, você deve encontrar maneiras de aplicá-los efetivamente. Cansaço, ansiedade e frustração podem roubar sua paciência e conduzi-lo a tomar decisões impulsivas e prejudiciais.

Mesmo assim, muitos têm o ímpeto de fazer tudo sozinhos. É mais fácil e mais simples: "Farei do meu jeito e, assim, sei que ficará a contento". É importante, porém, saber que não existe essa coisa de criar poder ou liderança sozinho. Poder e liderança são frutos de relacionamentos. Você até pode ter ideias brilhantes e estratégias milagrosas, mas se não tiver bons relacionamentos, se não souber delegar e se não souber trabalhar com os outros, encontrará sérios problemas.

As pessoas têm seus próprios interesses. Se você for muito controlador e autoritário, elas irão se rebelar e sabotá-lo em silêncio. Se você for muito liberal, elas irão defender seus próprios interesses e você perderá o controle. Por isso, encontre um meio-termo: tente agir de forma que elas não se sintam controladas por você, mas influenciadas.

Então, se você quer ser um grande empreendedor, um profissional brilhante ou um líder que cative as pessoas, treine-se para expressar sua liderança de forma inspiradora, colocando o foco da sua atenção no time, não apenas no gerente que comanda o time. Minha sugestão é que você crie times menores. Eles são mais rápidos, mais criativos e se adaptam com maior facilidade, além de serem mais fáceis de monitorar e motivar.

Divida sua equipe em times menores e independentes que possam tomar suas próprias decisões. Ninguém é feliz sendo dominado. Assim, faça-os se sentirem com autonomia. Dê-lhes uma missão para cumprir e deixe-os agir por conta própria, enquanto você acompanha e monitora os resultados. Se fizer isso, se souber delegar e monitorar com tranquilidade, sem tensão, terá muito mais controle do que o líder que seguir um estilo centralizador. E tenha em mente que ter poder nada mais é do que estar no controle.

Liderar equipes é uma arte refinada. Existem aqueles que, não importa o que você fizer, não se renderão ao seu estilo. Surgirão divergentes e dissidentes que deverão ser isolados. Você precisa separá-los do rebanho e lidar com eles individualmente.

Nesse processo, é necessário que você tome algumas precauções:

> Se, em algum momento, você tiver que se encontrar com um de seus dissidentes, nunca vá até ele. Pelo contrário, faça-o ir até você. Todos temos reservas limitadas de tempo e de energia; não desperdice o seu indo ao encontro de seus adversários. Quando você o força a agir, quando o obrigar a ir ao seu encontro, além de se manter no controle, mostrando seu poder e sua autoridade, você economiza tempo, energia e diminui as reservas de energia e o tempo dele. Além disso, estará em seu campo de batalha durante o enfrentamento. O líder que faz com que o outro venha até ele mostra que tem mais poder e respeito.
>
> É importante que você cuide para não confundir ações agressivas com ações eficazes. Na maioria das vezes a ação

eficaz não é a agressiva, mas a passiva! Aprenda a esperar, manter-se calmo e aguardar que seus adversários mordam a isca que você preparou. Desenvolva paciência. Pessoas agressivas logo perdem o controle. A pressa costuma impedi-las de ver as consequências de suas atitudes e as induz a cair nas armadilhas de alguém mais esperto, estratégico e calmo que elas.

Aprenda, portanto, a dominar suas emoções. Nunca permita que elas dominem você. Ódio, raiva, inveja e medo nunca são bons conselheiros. Por isso, se possível, faça com que seus adversários e concorrentes ajam enceguecidos por essas emoções, enquanto você apenas vigia seus passos, conduzindo-os pelo caminho que você desejar.

CAPÍTULO 13

DOS QUE ALCANÇAM O PODER PELA POPULARIDADE

DE O *PRÍNCIPE*

Considerando, porém, os meios que já vimos, existe ainda outra maneira de conquistar um Estado e chegar ao poder: pelo favor dos concidadãos. Para conquistar o Estado por esse meio não se faz necessário grande mérito ou sorte, mas uma venturosa astúcia.

São dois os caminhos pelos quais se conquista um Estado ou se chega ao poder por esse meio: pelo desejo próprio do povo ou pela graça dos poderosos. Em todas as cidades podem-se encontrar exemplos dessas duas tendências. A razão disso é que o povo não deseja ser governado e, tampouco, oprimido pelos poderosos e estes, por sua vez, querem governar e oprimir o povo.

Tal poder é concedido ao príncipe pelo povo ou pelos grandes, conforme a intenção de cada um. Quando os poderosos percebem que não podem resistir ao povo, passam a criar e elevar a reputação de um de seus escolhidos e o elevam ao poder, para à sua sombra poder satisfazer suas ambições.

O povo, do mesmo modo, ao perceber que não consegue resistir à força dos grandes, passa a criar e a elevar a reputação de um concidadão e o eleva ao poder para defender-se sob sua autoridade.

Entre essas duas tendências, aquele que alcança o poder auxiliado pelos grandes mantém-se com maior dificuldade do que aquele que é eleito por vontade popular. A razão disso é que aquele auxiliado pelos poderosos estará cercado de muita gente que lhe parece igual e à qual deve favores e, por isso, não pode comandá-la nem agir como quiser.

> "Não se consegue agradar os grandes sem ofender os pequenos."

Contudo, aquele que alcança o poder pela vontade do povo, acha-se só, e ao seu redor não tem ninguém ou só alguns poucos que não estejam dispostos a obedecê-lo. Além do mais, não se consegue honestamente contentar os grandes sem ofender os pequenos, porém o povo pode ser satisfeito sem que se ofendam os poderosos. Porque o desejo do povo é mais honesto do que o dos grandes. Estes desejam oprimir, e o povo, por sua vez, apenas não quer ser oprimido.

O príncipe não pode se sentir seguro diante da hostilidade popular. Pois o povo é composto de muitos e não há como controlá-los. Contudo, com relação aos poderosos, pode, porque estes sempre são poucos.

A pior coisa que um príncipe pode esperar do povo hostil é que ele o abandone. Por outro lado, da inimizade dos poderosos, não só deve temer que o abandonem como também que o ataquem, pois estes possuem uma visão mais abrangente da situação, maior astúcia e sempre têm tempo de se salvar, procurando aliar-se aos prováveis vitoriosos.

> "O povo não deseja ser oprimido pelos poderosos, e estes, por sua vez, querem oprimir o povo."

O príncipe necessita também estar e viver sempre com o povo, podendo perfeitamente prescindir dos poderosos, porque está em suas mãos poder aumentar ou reduzir sua inteligência e prestígio.

2.

E, para elucidar esta parte, irei classificar os poderosos em dois grupos principais: aqueles que agem de modo independente e não se opõem ao seu estilo de liderança e aqueles que, ao contrário, se opõem a tudo que você faz. Os que agem de forma independente e não se mostram parasitas nem predadores você deve respeitar e honrar. Os outros, aqueles que não simpatizam com você, precisam ser observados sob dois aspectos: se procedem assim por covardia ou por algum defeito natural de caráter; neste caso, você deverá tirar proveito deles, sobretudo se possuem capacidade de dar-lhe bons conselhos, porque, em tempos de prosperidade, eles o honrarão, e nos adversos, não haverá razão para temê-los.

Quando, porém, não simpatizam com você e o contrariam de modo deliberado e por ambição, tome cuidado, pois essa é uma prova de que pensam mais em si mesmos do que em você. Esse tipo de indivíduos deve ser observado e tido como inimigo declarado, porque, infalivelmente, na adversidade, farão qualquer coisa para ver sua ruína.

Quem chega ao poder pelo favor popular precisa manter-se amigo do povo. E isso, na certa, não será difícil, pois, como já disse, tudo que o povo deseja é não ser oprimido. Aquele, porém, que chega ao poder contra a opinião popular, pelo auxílio e favor dos poderosos, deve, antes de qualquer coisa, procurar conquistar a simpatia do povo. O que também será uma missão fácil; basta mostrar que sua liderança está comprometida com o bem-estar e a proteção dele.

E como as pessoas simpatizam e apegam-se mais quando recebem benefícios de quem esperavam apenas o mal, o povo torna-se mais amigo desse príncipe e fiel a ele do que daquele que foi elevado ao poder pelo seu favor. E isso pode ser obtido de muitos modos, dos quais não se pode deduzir uma regra exata, porque variam de acordo com as ocasiões.

Nábis, príncipe de Esparta, enfrentou as tropas de toda a Grécia e ainda do exército romano, contra os quais lutou arduamente em defesa de seu poder e de seu Estado. E quando o perigo o ameaçava, não havia ninguém dentro de Esparta que se opusesse a ele ou a quem ele tivesse que temer. O que seria impossível se Nábis não tivesse o povo como seu amigo.

O príncipe não deve permitir que alguém o convença do contrário recitando aquele provérbio que diz que aquele que se apoia no povo tem alicerces de barro. Isso talvez seja verdadeiro quando um cidadão comum acredita que o povo o libertará quando estiver em apuros com seus inimigos ou com a justiça. Tratando-se, no entanto, de um líder que saiba comandar e com coragem suficiente para resistir às adversidades, que se atente às precauções básicas e que tenha como conduta transmitir confiança ao povo, dificilmente será enganado por ele e quando tiver sua simpatia, notará que seus alicerces se fortaleceram.

Um príncipe prudente deve, portanto, tornar-se sempre necessário aos seus súditos e fazer com que eles tenham necessidade do Estado. Quando conseguir isso, o povo continuará lhe sendo fiel.

MAQUIAVEL
CAPÍTULO IX
Do principado civil

ANÁLISE

Quando você acredita em si, quando está convencido de que pode fazer coisas que criarão um impacto positivo na sociedade ou mesmo na sua vida pessoal, essa convicção, de certa maneira, se manifestará claramente em suas palavras, ações e atitudes e irão contagiar todos a sua volta, porque eles pensarão que você tem razões para acreditar em si. Ao ver que os outros acreditam em você, sua autoconfiança cresce ainda mais e se solidifica. A partir desse momento, cada vez mais, você desenvolve esse reforço interior de que não há limites para aquilo que você pode conseguir. Esse sentimento irradia poder e autoridade. As portas começam a se abrir. Limites e barreiras desaparecem e o caminho para suas conquistas surge a sua frente.

Grandes líderes e empreendedores, ao longo da história, passaram por esse processo. Eles se convenceram de seu poder e autoridade, que, aos poucos, tornaram-se reais em suas vidas. Se você busca aumentar seu poder e prestígio, se pretende se tornar um líder influente, mesmo que ainda não possua grande poder, passe a agir como se o tivesse. Logo você será tratado como se já possuísse tremendo poder.

Compreenda: uma pessoa não pode ser tratada como um grande se agir como alguém comum. Então, comece por separar sua imagem da imagem de uma pessoa comum. Faça isso agindo de forma diferente, demonstrando a distância que existe entre um e outro. Lógico: mostrar essa distância não significa agir com arrogância, mas com segurança, decisão e dignidade.

Use as quatro estratégias a seguir para impor uma imagem de poder e autoridade:

SEJA DIGNO. Dignidade é uma atitude da qual você nunca deve abrir mão, sobretudo nos momentos de maior adversidade. Para manter sua dignidade, comporte-se sempre como se nada pudesse afetá-lo e como se sempre tivesse à mão todas as ferramentas e todo o tempo do mundo para reagir ao problema.

SEJA OUSADO. Sempre aja com ousadia. Coloque seu valor nas nuvens e jamais estremeça diante de nenhuma insegurança. O mundo é dos atrevidos e ousados. Fique atento, porém, com os invejosos. Quando se posicionar com ousadia diante da vida, surgirão todos os tipos de sentimentos a sua volta, principalmente inveja, ciúme e ressentimento. Ignore-os. Você não pode viver o tempo todo se preocupando com as emoções alheias. Defina seu caminho e siga em frente.

NÃO NEGOCIE COM MENSAGEIROS. Procure sempre o líder maior. Nunca aceite negociar com seus assistentes ou mensageiros. Se aceitar dialogar com o mensageiro, estará se colocando no nível dele e não do líder maior. Mas ao aceitar dialogar apenas com quem está no topo, você imediatamente se coloca no mesmo nível dele. Ao negociar apenas com o líder, você assume o poder de um líder.

SEJA GENEROSO COM UM LÍDER MAIS PODEROSO QUE VOCÊ. Lembre-se sempre dos três reis magos que até hoje são lembrados por terem presenteado o menino Jesus recém-nascido. Quando for se reunir com o líder, use a generosidade como arma. Tire proveito da regra da reciprocidade. Presenteie-o. De preferência, dê-lhe algo discreto, mas valioso. Ao presentear o líder, você se coloca acima dele e o força a ser cortês e generoso com você. E isso é meio caminho em qualquer negociação.

Por fim, lembre-se sempre de que não são os outros ou as circunstâncias que definem seu preço no mercado, mas você mesmo. Peça pouco e será isso que você receberá. Desse modo, defina o valor que você quer ter. Em seguida, envie ao mundo o sinal apropriado do valor que você definiu. Logo verá que mesmo aqueles que não acreditavam em você mudarão seu ponto de vista e passarão a respeitá-lo pela sua autoconfiança, firmeza e ousadia. Saiba, no entanto, que firmeza e ousadia não devem ser confundidas com indiferença e arrogância.

CAPÍTULO 14

DOS QUE ALCANÇAM O PODER POR MEIOS INJUSTOS E CORRUPTOS

DE O *PRÍNCIPE*

Além das maneiras de chegar ao poder que vimos no capítulo anterior, pode-se dizer que existem ainda outros dois modos, que são:

- Conquistar o poder pela maldade, por caminhos desonestos e corruptos, contrários a todas as leis humanas e divinas;
- Alcançar o poder pelo favor de seus compatriotas.

Embora essas duas formas não sejam em nada muito honrosas, não me parece inteligente omiti-las.

Em relação ao primeiro, quero fazer referência ao exemplo de Agátocles Siciliano, que mesmo sendo filho de um simples oleiro que se utilizou de meios corruptos e desonestos associados a atitudes desprezíveis e repudiantes, tornou-se rei de Siracusa. Sua vida de barbáries começou cedo. E através de conluios e maldades de toda ordem, tornou-se o pretor de Justiça de Siracusa. Esse cargo, entretanto, não lhe pareceu suficiente. Agátocles queria tornar-se príncipe. E utilizando-se de uma estratégia covarde, aliou-se secretamente com Amílcar, um general cartaginês que se encontrava com seu exército na Sicília e preparou o golpe que poderia lhe dar o trono que tanto almejava.

Certa manhã, Agátocles reuniu o povo e o senado de Siracusa na praça da cidade com o pretexto de realizar um plebiscito sobre negócios públicos. Quando todos se encontravam ali reunidos, ele ordenou que seus soldados exterminassem, ao mesmo tempo, todos os senadores e os homens mais ricos da cidade. Em seguida, apoderou-se do governo de Siracusa e conservou-o. Então, mesmo tendo os cartagineses rompido com ele duas vezes e cercado a cidade, Agátocles conseguiu fortificar Siracusa e assaltar a África. Depois, libertou Siracusa do cerco e humilhou os cartagineses.

> "Não há mérito em ações como matar seus concidadãos e trair os amigos."

Considerando as ações e conquistas de Agátocles, não se achará nada, ou muito pouco, que possa ser atribuído como resultado da sorte. Todos os degraus trilhados entre sua infância pobre como filho de oleiro até o comando de suas milícias foram conquistados com muitos dissabores e perigos. Amparado na sua vontade e ambição, ele passou por tudo que foi preciso para chegar ao poder. Contudo, não se pode dizer que o conseguiu através da virtude. Não há mérito em ações como matar seus concidadãos, trair os amigos, não ter fé, não ter religião, nem piedade. Mas, mesmo assim, pode-se, com isso, conquistar o poder; porém, jamais a glória.

Se levarmos em conta sua habilidade em enfrentar e vencer obstáculos e perigos, sua força de espírito por suportar e superar coisas contrárias, a astúcia em conseguir derrotar os inimigos, não há nada que possa julgá-lo inferior a nenhum dos capitães mais ilustres que já existiram. Entretanto, sua crueldade desumana e seus inúmeros crimes não permitem que ele seja celebrado entre os mais ilustres homens da história. Não se pode, portanto, atribuir fortuna ou valor àquilo que ele alcançou sem uma nem outra.

2.

Em nosso tempo, sob o reinado de Alexandre VI, temos o exemplo de Oliverotto de Fermo. Como seu pai morreu quando Oliverotto ainda era criança, ele foi criado por um tio materno, Giovanni Fogliani. Ainda muito jovem, Oliverotto dedicou-se à vida militar e teve Paolo Vitelli como mentor. Era desejo de sua família que, uma vez treinado através de dura disciplina, Oliverotto lograsse algum posto de destaque na milícia.

Quando Paolo faleceu, Vitellozzo, seu irmão, passou a comandar o jovem. Como era engenhoso, forte e destemido, em pouco tempo Oliverotto tornou-se o primeiro homem da corporação. Pareceu-lhe, contudo, coisa desprezível continuar servindo com os demais, e ajudado por alguns cidadãos de Fermo, que preferiam a servidão à liberdade de sua pátria, e auxiliado por Vitellozzo, Oliverotto decidiu ocupar a cidade de Fermo.

Desse modo, escreveu a seu tio Giovanni Fogliani dizendo-lhe que, por ter estado muitos anos fora de casa, queria visitá-lo. Disse também que desejava muito mostrar para sua cidade natal o patrimônio que acumulara. Como não trabalhara com outro objetivo senão adquirir honras, a fim de que seus concidadãos reconhecessem que não gastara o tempo em vão, pretendia apresentar-se em grande pompa e acompanhado de cem cavaleiros, todos seus amigos e servidores. Por isso, solicitou ao tio que organizasse uma passeata, sugerindo que os cidadãos de Fermo o acolhessem com homenagens. Ressaltou ainda que, além de ser gratificante para ele, constituiria também uma honra para o tio, que o educara.

Giovanni não deixou de atender nos mínimos detalhes aos pedidos de seu sobrinho. Quando veio o dia, fez com que os cidadãos de Fermo o recebessem com grandes festejos. Muito feliz, Giovanni alojou o sobrinho e toda a comitiva em sua própria casa.

Decorridos alguns dias, tudo estando preparado para que ordenasse o que convinha a sua futura traição, Oliverotto organizou um banquete, para o qual convidou seu tio Giovanni Fogliani e os demais homens de destaque da cidade de Fermo. Assim que encerrou o banquete, Oliverotto propositalmente iniciou uma discussão a respeito de assuntos graves, da grandeza do papa Alexandre e de César, seu filho, assim como de suas empresas. Uma vez que Giovanni e os outros haviam externado também considerações a tal respeito, em um momento de ira, Oliverotto afirmou que aquilo era tema para se discutir em local mais reservado e dirigiu-se à sala ao lado. Assim que os convidados se acomodaram para continuar a conversa, os soldados de Oliverotto saíram dos esconderijos e assassinaram Giovanni e os demais convivas.

Depois do homicídio coletivo, Oliverotto percorreu a cidade a cavalo com suas tropas e cercou o supremo magistrado no palácio da cidade. Com medo, o supremo cedeu à pressão de Oliverotto e criaram um governo no qual ele se tornou o chefe. Após assassinar todos aqueles que poderiam estorvá-lo, Oliverotto fez-se forte por novas leis civis e militares, de modo que durante o ano em que governou a província não conseguiu apenas assegurar-se da cidade de Fermo como ainda tornar-se temido por todos os seus vizinhos.

Teria sido difícil tomar a cidade de Oliverotto se ele não tivesse sido enganado por César Bórgia. Desse modo, um ano após ter cometido o assassinato coletivo e tomado a cidade, Oliverotto foi estrangulado juntamente com Vitelozzo, mestre de suas virtudes e infâmias.

3.

Diante das histórias que acabamos de conhecer, alguém poderia se surpreender e perguntar: "Como se explica que Agátocles e outros tantos, após cometerem tantas traições e crueldades, conseguiram se manter no poder e envelhecer com tranquilidade e segurança, sem que os cidadãos ou os inimigos conspirassem contra eles, enquanto outros, como Oliverotto, por conta da mesma crueldade, não conseguiram se manter no poder?"

Acredito que isso depende da maneira como se faz uso da crueldade. Ela pode ser bem ou mal praticada. Bem praticada (se é que se pode chamar a um mal de bem) são aquelas feitas de uma só vez, pela necessidade de prover sua própria segurança, e depois são deixadas de lado e seus benefícios são transformados o mais rápido possível em vantagem para o povo. Mal praticadas são aquelas que, a princípio, são realizadas muito esporadicamente, mas, com o tempo, em vez de serem deixadas de lado, passam a ser exercidas cada vez com mais frequência.

Aqueles que seguem a primeira destas linhas de conduta podem encontrar proveito e ter consequências aceitáveis de seus atos, como sucedeu a Agátocles. Os outros, da segunda linha, não conseguirão se manter no poder.

Sendo assim, é prudente dizer que ao assumir o poder o príncipe precisa determinar as medidas duras e severas que deverão ser tomadas e executá-las todas de uma vez, de forma a não ter necessidade de repeti-las no dia a dia. Assim, apesar do choque inicial, o príncipe irá impor respeito aos seus inimigos logo de início e terá tempo para reconquistar a confiança do povo e obter seu apoio, mostrando-lhe os benefícios que conquistou com as medidas severas impostas por ele no passado.

> "As ofensas devem ser praticadas todas numa única dose a fim de que, sendo inúmeras e duras, haja pouco tempo para se falar sobre elas separadamente."

Quem procede de outro modo, por timidez ou por força de maus conselhos, precisa sempre estar com a faca na mão para se defender e jamais poderá confiar em seus súditos, pois estes, em seu turno, não podem confiar nele, devido a suas recentes e contínuas ofensas contra tudo e contra todos. Por isso, as ofensas devem ser praticadas todas numa única dose, a fim de que, sendo inúmeras e duras, haja pouco tempo para se falar sobre elas individualmente. Quanto menos tempo houver para falar delas, menos elas ofenderão. Quanto aos benefícios, porém, estes precisam ser administrados pouco a pouco e um a um, para serem digeridos lentamente e, com isso, ser mais bem saboreados.

Um príncipe precisa ter controle sobre seus súditos de tal modo que nenhum incidente, bom ou mau, faça mudar radicalmente suas atitudes. Se um incidente o forçar a mudar radicalmente, sua atitude terá sido em vão — pois o povo não dará valor a esse tipo de ação quando ela não for espontânea, mas obrigatória. Além disso, ainda condenará o príncipe por permitir que a tragédia acontecesse sem preveni-la.

Se o incidente o forçar a agir compassivamente, a compaixão também não irá beneficiá-lo, pois o povo entenderá que ele agiu assim porque as circunstâncias não lhe deixaram outra escolha e ninguém agradecerá a sua prática.

> **MAQUIAVEL**
> CAPÍTULO VIII
> *Dos que alcançaram o principado pelo crime*

ANÁLISE

Há uma grande limitação na interpretação que fazemos dos indivíduos e situações a nossa volta. Quando pensamos ou analisamos as pessoas ou circunstâncias, o fazemos com uma visão muito simplista, porque isso exige o mínimo de esforço de nós. Costumamos nos precipitar nas nossas conclusões, julgando as pessoas e circunstâncias de acordo com nossas próprias projeções, nossos medos, angústias, ambições e ansiedades, percebendo apenas o que estiver de acordo com esses sentimentos.

Nossa mente, raras vezes, se encontra aberta ao novo. Ela se mantém constantemente ocupada no esforço de comparar, justificar, condenar e rotular. E uma vez que criamos um rótulo, nós nos agarramos a ele e não soltamos mais. Esse rótulo, como já vimos, quase nunca foge da dualidade simplista que classifica as coisas como boas ou ruins, fáceis ou difíceis, bonitas ou feias, claras ou confusas e assim por diante.

A verdade é que nada na vida é tão simples assim. Pessoas, eventos e circunstâncias sempre são mais complexas. Posso ser ruim com você hoje e bom amanhã. Você pode ser ruim comigo e bom com outra pessoa. Seu adversário pode parecer fraco e surpreendê-lo com sua força. A circunstância que hoje parece negativa, amanhã poderá se mostrar positiva. Assim como o que parece positivo hoje, pode se tornar negativo no futuro.

Por isso, reduzir o mundo a preto e branco torna sua compreensão mais simples e, talvez, momentaneamente, faça com que seja mais fácil lidar com ele. Mas, por outro lado, também nos distancia de como ele é na realidade e nos leva a cometer muitos erros de avaliação, tornando-nos vítimas fáceis do nosso próprio julgamento.

Se deseja ser um grande empreendedor, um profissional liberal brilhante ou um executivo extraordinário, descubra o poder, a beleza, o vigor e a vitalidade que existe numa mente aberta, livre de dogmas, doutrinas e convicções predefinidas. Resista, a todo custo, à tendência de saltar para conclusões precipitadas que costumam ser fruto de suas projeções e, por isso, irreais e falsas.

Tenha cautela. Saiba que, para descobrir o novo, muitas vezes é preciso se livrar do velho, sobretudo suas doutrinas e convicções dogmáticas. Se agir com mais cautela, permitindo mais espaço para a avaliação, se der mais atenção a possíveis nuances e ambiguidades, libertando-se de certos resíduos de sua formação, você se distanciará das massas da noite para o dia e os benefícios serão enormes em todos os sentidos.

Indivíduos que avaliam tudo em termos de A ou B se apegam muito às aparências, tornando-se vítimas ingênuas e indefesas das circunstâncias e das pessoas, porque tanto as circunstâncias quanto as pessoas nunca são simplesmente boas ou ruins.

Circunstâncias e pessoas, como já vimos, podem ser boas e ruins ao mesmo tempo. E, com isso, confundir e enganar, com tremenda facilidade, aqueles que não estiverem atentos. Em outras palavras, aquele que não desenvolver a habilidade de raciocinar com clareza, sem ilusão, a partir dos fatos, e não de suas convicções e de seus dogmas, ignorará o lado bom que há nas coisas ruins ou o lado ruim que existe nas coisas boas e, com isso, correrá o risco de sair perdendo em ambas.

LEMBRE-SE: convicções, doutrinas e dogmas sempre são frutos daquilo que carregamos na memória. A memória sempre é fixa, ela responde a padrões. Nela, não há flexibilidade. E sem flexibilidade, não há liberdade. Por isso, alguém que está agarrado a sua memória, que é oprimido pelas suas crenças, nunca estará livre. E sem liberdade não pode haver nem iniciativa, nem liderança e nem poder.

CAPÍTULO 15

DOS QUE ALCANÇAM O PODER PELA SORTE OU PELA FORÇA ALHEIA

DE O *PRÍNCIPE*

Quando um príncipe conquista o poder apenas por sorte, ele necessitará de pouco esforço para chegar ao topo, porque voará para lá. Uma vez lá, porém, encontrará todo tipo de dificuldades, sem que esteja preparado para enfrentá-las. Esse tipo de coisa acontece sempre que o poder é concedido a alguém por conta do dinheiro, da amizade, da herança, da fama alcançada em outras profissões ou até mesmo pelo favor de algum padrinho influente e poderoso.

Um exemplo que ilustra o que digo aconteceu na Grécia, nas cidades de Iônia e Helesponto, onde o rei Dário transformou inúmeras pessoas comuns em príncipes, da noite para o dia, com o único propósito de manter sua própria glória e segurança.

Outro exemplo pôde ser observado na Roma de meu tempo, quando cidadãos comuns se elevaram rapidamente ao poder corrompendo os soldados à sua volta.

Príncipes desse tipo dependem só da *boa sorte* e da *vontade* de quem lhes concedeu o poder, isto é, de dois fatores extremamente volúveis e instáveis. E não *sabem* ou não *conseguem* manter, por muito tempo, o poder que lhes foi dado. Não *sabem* porque, por terem vivido sempre como cidadãos comuns, em circunstâncias simples e normais, é bem provável que não sejam pessoas de elevado engenho e virtude, razão pela qual podem não saber comandar. E não *conseguem* porque, sem tradição nem poder próprio, não possuem aliados em número suficiente que lhes sejam amigos e fiéis.

2.

"Quando alguém conquista o poder com forças alheias encontra enormes dificuldades para se manter nele."

Um príncipe que surge de súbito — assim como todas as outras coisas da natureza que evoluem muito depressa — não tem raízes nem ramificações e decerto será destruído na primeira tempestade que aparecer.

A não ser que esses príncipes, como já disse, saibam se preparar rapidamente para conservar no pulso e na garra aquilo que a sorte lhes colocou de graça no colo, e assim firmem seu poder solidamente sobre os alicerces fundados por outros.

Desses dois modos de se fazer um príncipe – pelo valor e pela sorte —, quero trazer dois exemplos do meu tempo: Francesco Sforza e César Bórgia. Francesco, à custa de trabalho duro somado ao seu imenso valor como pessoa, sendo um cidadão comum, tornou-se duque de Milão. As dificuldades enfrentadas ao longo do caminho de sua ascensão e o imenso esforço organizado que ele desprendeu para vencer os obstáculos ao longo da jornada lhe conferiram a experiência necessária para ocupar o posto e conservá-lo com certa facilidade.

Por outra parte, César Bórgia, apelidado pelo povo de duque Valentino, conquistou o estado com o favor de seu pai, o papa Alexandre VI. Mais tarde, quando não pôde mais contar com essa ajuda, apesar de ter feito tudo o que competia a um homem sábio e valoroso fazer para criar raízes no posto que as armas e a ajuda de outro homem lhe ofereceram, perdeu-o.

É que, como dito acima, quem não constrói os alicerces no início poderá empenhar-se nessa tarefa mais tarde, desde que seja possuidor de grande capacidade; se bem que, com isso, aborrecerá o arquiteto e colocará todo o edifício em perigo.

> **MAQUIAVEL**
> CAPÍTULO VII
> *Dos principados novos que se conquistam*
> *com armas e virtudes de outrem.*

ANÁLISE

A maioria das pessoas quer alcançar grandes objetivos, mudar de vida, sair de uma situação de resultados medíocres para uma de sucesso e abundância, mas não quer enfrentar as adversidades. Seu erro maior está em fugir da dor que romper a resistência de abandonar um nível inferior e ir para o superior causa.

É como se elas planejassem escalar uma montanha, mas não quisessem lidar com o cansaço e as dificuldades que a subida causa. Elas planejam subir, mas, ao mesmo tempo, acreditam que existe uma maneira de fazê-lo sem esforço, porque não desejam abrir mão da zona de conforto em que se encontram.

Esse é um conceito muito comum, e também muito ingênuo e inocente, porque permanecer na zona de conforto, ao contrário do que se pensa, não é uma vida boa. Nós, seres humanos, não fomos feitos para a passividade. Nossa natureza é agressiva e vai contra qualquer tipo de estagnação. Nada permanece o mesmo por muito tempo. Ou você está crescendo ou está morrendo.

Vive melhor, então, aquele que não tem pena de si próprio e que não tem medo da dor que o processo de crescimento causa. A vida boa é aquela em que o indivíduo cria um desafio produtivo para si próprio e depois dá o máximo de si para superá-lo. E uma vez que o superou, imediatamente cria outro, ainda maior, e outra vez dá o máximo de si para superá-lo. Essa é a natureza do ser humano. É dessa forma que forjamos o nosso poder.

Aquele que entra nesse processo logo percebe que a dor do crescimento é uma dor boa, gostosa. Ela não só é saudável, mas também desejável. Ela é uma dor que você precisa aceitar e incorporar, porque logo se transforma em prazer, assim como o prazer quase sempre se transforma rapidamente em dor.

Quando alguém que nunca praticou exercícios físicos, por exemplo, resolve começar a praticá-los, o simples ato de pensar no exercício já é dolorido. E muitos não praticam exercícios por causa dessa dor. Eles preferem o prazer de não enfrentar essa dor, o que acaba criando uma dor muito maior: a dor do sentimento de impotência, de incapacidade, de desgosto e até a dor real de uma saúde deficiente ou de um fracasso irrecuperável.

Desse modo, desenvolva a habilidade de compreender esse processo mentalmente, de entender que a dor leva ao prazer, assim como o prazer quase sempre leva à dor. Faça essa conexão na sua mente. Quando você se propuser a fazer algo que exige disciplina e sacrifico, deverá ser capaz de dizer a si mesmo: "Vou dominar essa arte, custe o que custar. Irei adquirir esse conhecimento, dominarei essa técnica. E para isso, darei o melhor de mim por semanas, meses e anos se for preciso".

Se você tiver a capacidade de imaginar o benefício que esse esforço inicial lhe trará, se compreender que esse empenho lhe permitirá fazer no futuro o que você não é capaz de fazer hoje, a dor, que antes o assustava, não parecerá mais tão ruim.

Se você busca o sucesso e o poder que vêm de um desempenho excepcional, precisa ter consciência de que só a dor da ação, a dor da disciplina e a dor do enfrentamento podem fazê-lo crescer. Assim, você deve ter a habilidade de dizer para si mesmo: "Eu farei mais do que o necessário. Não vou procurar saltar degraus e buscar atalhos, porque eu quero aprender, quero crescer e preciso dessa dor e desse sacrifício para tornar meu crescimento possível."

PODER & MANIPULAÇÃO

Você deve, no olho da sua mente, ser capaz de ver, mesmo antes do começo, o resultado final e a satisfação, a alegria que esse resultado lhe trará, em contraste com a frustração, a monotonia que sentirá se não enfrentar a dor. Então, aprenda a incorporar a dor do enfrentamento com o novo e com o desconhecido, e não a fugir dela. Incorporar a dor é aceitá-la, desejá-la, tornar-se parceiro dela. Se não existir resistência entre você e o que você faz, não chegará a lugar algum na vida.

LEMBRE-SE: somos movidos pela necessidade. Quando precisamos descobrir alguma coisa, damos um jeito de encontrar os meios e o descobrimos. Se não há necessidade, entretanto, de realizarmos ou nos preocuparmos com nada, passamos o dia no sofá, vendo televisão, comendo pipoca e bebendo refrigerante. Se não há nenhum tipo de resistência contra a qual lutar, se não há nenhuma pressão, nos tornamos preguiçosos, indolentes e acovardados. Então crie, na sua imaginação, grandes necessidades e dê o máximo de si para satisfazê-las.

Não seja como a maioria das pessoas, que foge dos problemas, dos obstáculos e dos apuros. Faça o contrário: crie obstáculos, objeções e desafios e depois encontre maneiras de superá-los. Com o tempo, isso lhe dará um tremendo preparo e, com ele, virá o poder e a liderança.

CAPÍTULO 16

DA VULNERABILIDADE DAQUELES QUE SE SUSTENTAM COM FOR-ÇAS ALHEIAS

DE O *PRÍNCIPE*

Queria trazer à lembrança uma passagem do Antigo Testamento que ilustra bem o que pretendo dizer aqui. Quando o jovem Davi foi até Saul oferecer-se para combater Golias — o provocador filisteu que o desafiava —, Saul, na intenção de encorajá-lo, passou-lhe a armadura real. Davi aceitou a oferta de Saul. Mas assim que a vestiu, repeliu-a e disse a Saul que, usando a enorme armadura, não poderia fazer uso de sua própria força e que desejava combater o inimigo valendo-se somente de suas armas pessoais: a funda e a faca. E foi assim que o fez.

O que essa passagem da Bíblia nos ensina? Que sempre que você se valer das forças alheias para enfrentar suas adversidades ou seus inimigos, essas forças deslizarão do seu corpo, pesarão demasiado sobre você ou restringirão o uso de suas próprias armas.

> "A falta de sabedoria nos impede de perceber o veneno que está oculto nas coisas que, a princípio, parecem boas."

Se estudarmos o início da decadência de qualquer indivíduo, empresa, nação ou império, veremos que sua origem sempre está no uso de forças, bens ou capital alheio. A razão disso é que a falta de sabedoria das pessoas faz com que

PODER & MANIPULAÇÃO

elas tenham dificuldade em perceber o veneno que está oculto nas coisas que, a princípio, lhes parecem boas, conforme já disse no capítulo anterior. Isso se aplica àqueles que, no início, se rendem a ofertas que os libertam do aperto, como o auxílio dos outros, sem perceber que, sendo um alívio imediato, criam enormes comprometimentos futuros.

Quando alguém escolhe a opção de viver com oxigênio alheio, suas forças e seu poder declinam e se deterioram rapidamente. E logo ele será tomado por aquele de quem emprestou as forças para sobreviver. Por isso, a pessoa que, do alto de seu posto, não é capaz de descobrir os males na sua origem não é inteiramente sábia. E a sabedoria, como temos conhecimento, é uma virtude concedida a poucos.

> "Sem forças próprias não teremos segurança e liberdade para agir de acordo com nossas virtudes e nossos desejos pessoais."

Concluo, portanto, que, sem possuir forças próprias, nenhum príncipe ou governante pode se sentir seguro e livre para agir de acordo com suas virtudes e seus desejos pessoais. Antes, está à mercê da boa vontade de outros, que logo desejarão tomar seu lugar.

Foi sempre a opinião e a sentença dos sábios: "Nada é tão instável quanto o poder de um príncipe quando não apoiado em sua própria força". Por isso, um indivíduo deve sempre zelar por preservar suas forças próprias. E quando há forças que ainda não estão plenamente sob seu controle, deve dedicar todo seu conhecimento, toda sua energia e toda sua disciplina para reforçar suas bases e assumir o controle de tudo que lhe possa servir de ameaça não só no presente, mas também no futuro.

MAQUIAVEL
CAPÍTULO XIII
Das milícias auxiliares, mistas e do próprio país

ANÁLISE

A maioria de nós, humanos, vive à procura de uma chave secreta para o sucesso. Algo que nos dê poder e prestígio num passe de mágica. Poucos estão dispostos a pensar por conta própria. Buscamos uma receita pronta que possa ser seguida passo a passo. Queremos algum tipo de teoria, de doutrina, uma fórmula que explique o caminho; e assim ficamos presos na própria fórmula, na teoria, na explicação e, pouco a pouco, nos afastamos do principal: a ação. Isso ocorre porque, por trás de todo palavreado, há o medo constante da dor da ação. Por isso, construímos teorias e fórmulas que servem como cortina de fumaça atrás das quais procuramos nos abrigar e nos esconder. Confundimos estratégia com fórmula.

COMPREENDA: toda mudança é lenta e gradual. Ela exige poder, decisão, renúncia, disciplina, planejamento e persistência. Mas a maioria das pessoas quer transformações instantâneas e radicais, sem o esforço ou o sacrifício que ela demanda. Em nossas cabeças, estratégia é uma sequência de etapas que nos levará para um objetivo específico. Procuramos essas etapas em livros, seminários, palestras ou até mesmo através de um mentor, de um *coach* ou de um guru. Apostando no poder da imitação, queremos saber exatamente o que as pessoas de sucesso fazem para poder imitá-las, acreditando que, se agirmos assim, alcançaremos o mesmo resultado que aqueles a quem imitamos.

Esse raciocínio dificilmente nos levará aonde queremos chegar. Na verdade, com o tempo, em vez de nos libertarmos, nos tornaremos presas daqueles que prometem ter a receita que procuramos.

Grandes líderes e empreendedores excepcionais entendem que a essência de uma estratégia não é seguir um conjunto de passos ou técnicas, mas saber se colocar numa posição privilegiada que confira a possibilidade de obter o maior número de informações possíveis. No lugar de ver o mundo em preto e branco, eles buscam um ponto que lhes dê acesso à infinita variação de cores intermediárias. Eles sabem que entender a realidade é mais importante que conhecer fórmulas ou teorias, porque fórmulas ou teorias quase sempre são ultrapassadas, e por isso falsas e irreais. Do contrário, a realidade sempre é atual, e por isso verdadeira e real. Entendê-la requer enorme habilidade, uma mente ágil, livre e não enraizada em ideias e convicções. Mas como não estamos dispostos a encarar a realidade, buscamos atalhos e escapes e os justificamos com nomes bonitos, como princípios, valores, ideais, tradição e assim por diante. Uma mente incapaz de compreender a realidade nunca conseguirá liderar com sucesso, por mais força que tenha.

Não é a força ou o poder que definem o sucesso, mas a habilidade de traçar a estratégia correta para cada momento. Para isso, tanto na defesa do que é seu como na busca do que você quer é preciso que tenha uma noção clara daquilo que existe a sua volta e tenha a ousadia e a coragem de enfrentá-lo.

Uma mente confusa em relação à realidade se torna retraída e sempre tenta se agarrar em algo que lhe dê segurança ou proteção. Ela está sempre fugindo por medo do desconhecido (da realidade, de si mesma, dos outros).

Sendo assim, empenhe-se ao máximo para desenvolver uma profunda compreensão de quem você é, de quem são seus aliados e quem são seus adversários; e, ainda, qual o contexto em que ambos se inserem. Olhe a sua volta e identifique cada pessoa com certa influência, descubra com quem ela está conectada e qual é o vínculo dessa conexão. Circule por tudo, procure conhecer o máximo de indivíduos, crie uma rede de conexões tão poderosa que seus adversários — ou mesmo um aliado que tente se rebelar contra você — se sintam completamente isolados e rejeitados socialmente.

Lembre-se de que o sentimento de gratidão quase sempre se torna um peso que as pessoas carregam e do qual se libertariam com prazer, mesmo que isso lhes custasse o fim de uma amizade. Por esse motivo, quando procurar um aliado para pedir apoio, nunca lembre favores que você fez a ele no passado. Pois, como já disse, as pessoas costumam ser ingratas e raramente farão algo de bom grado em troca daquilo que você fez por elas em outros tempos. Lembre-se também de que a gratidão não é uma obrigação e a maioria só expressa sua gratidão até você sugerir que lhe retribuam o favor. Nesse momento, com raras excessões, elas darão qualquer desculpa e lhe virarão as costas.

Então, em vez de citar ações e favores do passado, fale do futuro. Mostre às pessoas tudo o que ganharão ao se aliarem a você. Lembre-se sempre de que o interesse próprio é a força principal que nos move. Então, primeiro, descubra qual é o interesse daquele que no momento lhe interessa. Descubra seus planos, desejos e aspirações e, depois, mostre com clareza como, ao ajudá-lo, ele poderá satisfazer esses desejos e essas aspirações. Não seja tímido na sua oferta. Mostre sempre a todos, de maneira clara, o que eles têm a ganhar no porvir e esqueça tudo o que você fez por eles um dia. Porque, na mente deles, isso não conta mais. Uma vez que conseguir mostrar-lhes como você pode ajudá-los a conquistar o que querem, qualquer resistência ao seu pedido desaparecerá, quase sempre.

Porém, essa é uma arma da qual pouquíssimas pessoas fazem uso. Quase todos nós estamos tão centrados naquilo que queremos que nos esquecemos do que move os outros. Pensamos, ingenuamente, que os demais gostam de nos ajudar, que o ser humano é movido pela generosidade espontânea e desinteressada — uma virtude de poucos.

ENTENDA: seus desejos e necessidades só interessam a você. Os outros só se interessam por algo quando eles podem tirar vantagem disso e satisfazer seus interesses. O que os move, em geral, é o benefício pessoal que eles veem ao nos ajudar.

Porém, fique atento: muitas vezes, a necessidade maior de certas pessoas é se sentir importantes, virtuosas e boas aos olhos do mundo. E, por isso, elas se dedicam à prática da solidariedade e da generosidade. Esses indivíduos não querem nada ao ajudá-lo, a não ser se sentirem importantes, honestos e generosos. Muitas

PODER & MANIPULAÇÃO

vezes até, eles agem assim apenas para acobertar ações menos honrosas que cometeram ou ainda cometem. Quando encontrar alguém assim, não se acanhe: ofereça-lhe a oportunidade de praticar o bem e "reconheça" a importância dele, para não parecer ingrato e ser odiado e atacado por isso.

CAPÍTULO 17

DA COMPETIÇÃO – O DEVER PRINCIPAL DE QUEM QUER O PODER

DE O *PRÍNCIPE*

Aquele que deseja o poder não deve ter outro objetivo, pensamento ou foco que não seja a organização e a disciplina para a competição. Essa é a única arte que tem de ser dominada por quem quer estar no comando. Ele precisa aprender as táticas, estratégias e desenvolver a disciplina necessária para ser constantemente melhor do que seus adversários.

Essa arte não só é necessária para manter a sorte daqueles que nasceram em berço de ouro como também tem o poder de elevar pessoas comuns aos níveis mais altos de glória, poder e prestígio.

> "Quando um líder deixa de lado a competição e passa a se preocupar mais com os luxos e o glamour do cargo que ocupa, logo perde sua glória e seu poder."

Por outro lado, quando um príncipe ignora a competição e passa a se preocupar mais com os luxos e o glamour do posto que ocupa, logo perde sua glória e seu poder. Sem medo de cometer um equívoco, me atrevo a dizer que a maneira mais rápida de perder o posto de líder é ignorar essa arte; e a maneira mais fácil de conquistá-lo é conhecê-la nos seus pormenores.

Francesco Sforza, por exemplo, de uma pessoa comum tornou-se duque de Milão apenas porque se dedicou à arte do armamento e se armou devidamente. Seus sucessores, que ignoraram as armas, de duques passaram a cidadãos comuns.

Quando uma pessoa evita ou ignora a competição, ela cria acomodação e passividade, qualidades que logo irão obrigá-la à submissão. E essa é uma das posições que se deve evitar.

> "Quando uma pessoa evita ou ignora a competição, ela cria acomodação e passividade, qualidades que logo irão obrigá-la à submissão."

Não é razoável que uma pessoa que está armada obedeça de boa vontade a outra que não está. Assim como não é de se esperar que ela, estando desarmada, viva tranquilamente entre outras, armadas. Um comandante não versado em milícia, e que não possui vontade de enfrentar seus inimigos, não pode esperar a estima nem a confiança de seus soldados. Da mesma forma, uma pessoa acomodada e passiva não pode querer comandar gente entusiasmada, ativa e desejosa de poder. Por isso, não é razoável esperar que um príncipe acomodado consiga conviver por muito tempo entre competidores ativos sem perder seu posto de liderança.

2.

Assim como o comandante não pode deixar de se preocupar com a arte da guerra e praticá-la, tanto na paz quanto (ou ainda mais) no conflito, quem deseja postos mais elevados não pode deixar de estudar a competição tanto nos momentos de prosperidade quanto nos de crise. E isto se consegue de dois modos: pela ação e pelo pensamento.

Quanto à ação, além de conservar os soldados disciplinados e permanentemente em exercício, os comandantes devem levá-los para extensas caçadas pelos campos e pela selva. Além de habituar o corpo à rudeza do clima, essas caçadas são fundamentais para reconhecer e estudar os diferentes tipos geográficos. São analisados fatores como o formato dos montes, a profundeza dos vales, os tipos de solos que compõem as planícies e a natureza dos rios e pântanos. Tudo com a máxima atenção.

Esses conhecimentos são úteis sob dois aspectos: primeiro, o soldado desenvolverá amplo conhecimento sobre seu país e, dessa forma, aprenderá melhor os meios naturais de defesa. Segundo, pelo estudo e a análise desses lugares, em caso de necessidade, entenderá com facilidade qualquer lugar novo, pois os montes, vales, planícies, rios e pântanos são semelhantes em muitos locais.

Um príncipe que falha nesse pormenor falha na primeira das qualidades de um comandante: aprender a entrar em contato com o inimigo, acampar, levar os exércitos e traçar planos de combate. O mesmo deve ser aplicado em todos os setores da liderança. Um príncipe deve conhecer os territórios de seus adversários, caso queira vencê-los. É necessário analisar constantemente os passos, as táticas e estratégias dos concorrentes para não ser pego de surpresa.

Filopêmene, general dos aqueus, nos tempos de paz, jamais deixou de pensar em estratégias de guerra. Conta-se que, passeando no campo com amigos, muitas vezes detinha-se e os interpelava: "Estando os inimigos sobre aquele monte e nós aqui com nossos exércitos, quem teria maiores vantagens? Como se poderia ir ao seu encontro, mantendo nossa formação? Se quiséssemos nos retirar, como faríamos? Se eles batessem em retirada, como os seguiríamos?" Assim, formulava todas as hipóteses possíveis em caso de um combate naquela situação. E muito atento ouvia as opiniões dos demais comandantes e também dava a sua, firmando-a com razões e exemplos. Quando se achava à frente de seus exércitos, Filopêmene nunca topava acidente que não tivesse previsto e para o qual não tivesse já uma solução predefinida.

Assim deve também agir o príncipe que deseja se manter vivo diante da concorrência.

Quanto ao pensamento, é preciso estudar a vida dos grandes e meditar sobre suas ações, considerar como se portavam nas diferentes situações, entender as razões de suas vitórias e derrotas, para estar apto a fugir destas e imitar aquelas. Sobretudo, deve simular situações e se perguntar como os grandes homens teriam procedido se estivessem na mesma situação. E, na medida do possível, tentar imitar aqueles que se glorificaram por suas ações.

Como se sabe, esse não é um processo novo. Alexandre Magno imitava Aquiles, César imitava Alexandre, Cipião imitava Ciro. E aquele que ler a vida de Ciro como descrita por Xenofonte e acaso ler, depois, a biografia de Cipião, reconhecerá quão valiosa lhe foi aquela imitação e quanto se parecia ele, na abstinência, afabilidade, humanidade, liberalidade, ao que disse Xenofonte a respeito de Ciro.

Um príncipe sábio deve considerar essas coisas e jamais estar ocioso nos tempos de paz; deve, isto sim, de modo inteligente, ir acumulando conhecimento de que tire proveito nas adversidades, para estar a qualquer tempo preparado para vencê-las.

> ***MAQUIAVEL***
> CAPÍTULO XIV
> *Dos deveres do príncipe para com suas tropas*

ANÁLISE

Poucas pessoas possuem uma visão clara de seus objetivos. Isso faz com que elas não tenham um senso de urgência que as ameace. A falta de desafios as coloca num estágio de letargia física e mental.

Quando não há nada que ponha nossa reputação em jogo, nós nos tornamos preguiçosos. E quando isso acontece, esperamos tempo demais para agir. A indolência toma conta e nos tornamos vítimas fáceis de qualquer coisa que atravesse nosso caminho.

Como vimos até aqui, grande parte do jogo de poder é sobre controle e persuasão. Para controlar e persuadir seus súditos, aliados e adversários é crucial que você os observe meticulosamente, sob todos os ângulos. Por isso, a partir de hoje, torne-se um investigador incansável. Não fique à espera do competidor para agir. Instigue-o a abrir o jogo, provoque-o, crie animosidade, inquiete-o, comova-o e, se necessário, irrite-o, enfureça-o.

Neste processo, nunca revele aos seus adversários suas verdadeiras ideias, planos, estratégias e intenções. Ao contrário, induza-os a falar sobre os planos e estratégias deles. Para tanto, quando estiver conversando com alguém, exclua-se sempre do assunto. Torne seu interlocutor o foco permanente e sua vida, o tema principal.

Treine-se a constantemente penetrar na mente das pessoas e extrair de lá coisas que possam lhe ser úteis. Se quiser adquirir influência e poder sobre elas, você precisa conhecer as ideias, os planos, as intenções, as estratégias e os sentimentos delas melhor do que elas mesmas. Investigue-as, descubra se são honestas, confiáveis, disciplinadas e íntegras, ou não. Descubra seus desejos, interesses, planos e estratégias. Depois, mostre-lhes o que elas querem e ofereça-se para ajudá-las a satisfazer as necessidades e os desejos delas. Aja desse modo e você não encontrará limites para suas conquistas!

Sutilmente, faça perguntas estratégicas com o objetivo de descobrir quais são seus planos e desejos. As pessoas são tão egocêntricas e carentes de atenção que, se alguém estimulá-las a falar sobre si, sem perceber, entregarão seus planos e segredos numa bandeja dourada. Então, induza seu interlocutor a confessar tudo: seus sonhos e desafios, seus problemas e estratégias, suas forças e fraquezas, tudo. Contudo, tenha cuidado. Faça-o com cautela e sutileza. Se o interlocutor perceber que você está tentando arrancar coisas dele, o efeito poderá ser o contrário.

Em seguida, quando melhor lhe convier, use essa informação em seu benefício. Ao usar esse conhecimento, você parecerá assombrosamente inteligente e familiar, ao passo que ele não saberá nada a seu respeito.

Desse modo, além de você obter um vasto conhecimento que poderá usar a seu favor, as pessoas ainda confundirão seu interesse nelas por amizade e admiração e as portas de suas fortalezas estarão completamente abertas para você.

CAPÍTULO 18

DOS RISCOS E DAS DIFICULDADES QUE EXISTEM NA IMPLANTAÇÃO DE MUDANÇAS

DE O *PRÍNCIPE*

O leitor não deve estranhar que eu, frequentemente, cite longos exemplos a propósito dos governantes e Estados. Em vez de optar pela originalidade, as pessoas quase sempre preferem seguir caminhos já percorridos por outros e imitar as ações destes. Sendo assim, um príncipe prudente deve analisar os caminhos já percorridos pelos grandes homens e seguir o exemplo daqueles que foram os melhores. Ainda que não seja possível seguir fielmente o caminho percorrido por outrem, nem atingir pela imitação a habilidade dos grandes, ao observar suas atitudes e se empenhar em segui-los, sempre se aprende e aproveita muita coisa.

> "Em vez de optar pela originalidade, as pessoas quase sempre preferem seguir caminhos já percorridos por outros e imitar as ações destes."

Uma pessoa que aspira altos postos deve agir como os arqueiros mais prudentes que, desejando alcançar um alvo muito distante e conhecendo a limitação do arco, fazem a mira em altura superior à do ponto que desejam acertar. Esses arqueiros, como se sabe, não miram a altura para que a flecha alcance o ponto ao qual

PODER & MANIPULAÇÃO

alinham a pontaria, mas servem-se da mira elevada somente para acertar com segurança o ponto designado mais abaixo.

> "Não importa de que maneira se chega ao topo – o certo é que o posto de líder exigirá a habilidade de resolver muitos desafios."

Na busca e conservação do poder, a dificuldade se manifesta na razão direta da capacidade de quem o busca ou o conquistou. O fato de elevar-se ao poder, faz supor do príncipe valor próprio ou sorte. O certo é que qualquer uma destas razões exigirá a habilidade de resolver muitos desafios. É comum observar que a maioria dos líderes que foram menos beneficiados pela sorte foram os que se mantiveram por muito mais tempo no poder.

2.

Entre governantes antigos que alcançaram o poder e se mantiveram nele pelo seu valor, e não pela sorte, podemos citar como sendo os maiores Moisés, Ciro, Rômulo e Teseu. Ainda que Moisés não deva ser citado por constituir-se mero executor das ordens de Deus, é correto, entretanto, admirá-lo pela graça que o tornou digno de falar ao Criador.

Consideremos, porém, Ciro e outros que conquistaram e fundaram reinos. Sob qualquer análise, todos são dignos de admiração. E levando-se em consideração seus feitos, suas atitudes e ordens particulares, veremos que não se diferenciam em nada daqueles de Moisés, que teve tão alto mestre. E se analisarmos suas vidas e suas ações, chegaremos à conclusão inevitável de que eles não receberam da sorte nada além do que as circunstâncias de poder ajustar e moldar suas virtudes como melhor lhes aprouve. Sem essas circunstâncias, suas qualidades pessoais ter-se-iam apagado. E sem suas virtudes, as circunstâncias teriam sido inúteis.

Portanto, era preciso a Moisés ter o povo de Israel no Egito, escravo e oprimido dos egípcios, a fim de que, para se livrarem da escravidão, estivessem propensos a segui-lo. Era conveniente que Rômulo não achasse refúgio em Alba e tivesse sido exposto ao nascer, para vir a tornar-se rei de Roma e fundador de uma pátria. Necessário se tornou que Ciro topasse os persas descontentes do império dos medas e estes estivessem bastante acomodados e amolentados por um longo período de paz. Teseu não teria conseguido revelar suas habilidades se não houvesse encontrado os atenienses dispersos.

Tais circunstâncias levaram esses homens ao triunfo; e sua maior habilidade foi reconhecer essas circunstâncias, que os tornaram nobres e famosos. Os que, do mesmo modo que Moisés, Ciro, Rômulo e Teseu, se fazem grandes pela virtude própria e conquistam o poder com dificuldade, mas se mantêm nele com facilidade. A razão disso está no fato de que o caminho dificultoso e cheio de desafios os prepara para as adversidades que encontram uma vez que chegam ao poder e para as mudanças que devem ser implantadas para superá-las. Deve-se observar aqui que não há coisa mais difícil, nem de êxito mais duvidoso, nem mais perigosa, do que implantar mudanças que afetam as leis, os costumes e as tradições de um povo.

Isso se justifica porque o príncipe, assim que assumir o poder e tentar implantar as mudanças necessárias, terá como inimigos ferozes todos os que eram beneficiados pelo sistema antigo e encontrará defensores tímidos naqueles que serão beneficiados pelo novo. Essa fraqueza se origina do medo das opiniões e da crítica dos adversários; e da incredulidade humana, que muitas vezes é incapaz de crer na verdade lógica das coisas novas senão depois de se acostumar a elas após as testar com longa e firme experiência.

Advém disso que, quando os adversários têm oportunidade de atacar o conjunto de medidas adotadas pelo príncipe, fazem-no como fanáticos. Já os que defendem a implementação do novo sistema agem sem entusiasmo algum e, com isso, colocam em perigo o novo projeto e a posição do líder.

3.

Para expor de modo bastante claro esta parte, faz-se necessário, portanto, examinar se o inimigo, nestes casos, age por conta própria ou se depende de outros. Isto é, se para levar adiante seu projeto ele depende de ordens e favores de outros, ou se, de fato, pode decidir por contra própria e se impor.

No primeiro caso, quando depende de ordens de outros, sempre é malsucedido e nada consegue. Quando, porém, o príncipe não depende de ninguém, conta apenas consigo mesmo e pode se impor, dificilmente deixa de ser bem-sucedido.

Desse modo, todos os inovadores armados venceram e os desarmados se deparam com o fracasso. Pois é fácil convencer o povo de uma coisa, mas é difícil firmá-lo nessa convicção. É preciso, então, ter condições de, quando não mais acreditar, fazê-los crer com uso da disciplina e força.

Quando um príncipe se encontra nessa situação, luta com imensas dificuldades para conduzir-se e encontra em seu caminho todo tipo de ameaça e perigo que somente podem ser superados pela persistência, coragem e astúcia. Contudo, uma vez vencidos os obstáculos, ele passa a ser venerado; e uma vez vencidos os que invejavam as suas qualidades, torna-se poderoso, seguro, honrado e feliz.

> **MAQUIAVEL**
> CAPÍTULO VI
> *Dos principados novos que se conquistam*
> *pelas armas e nobremente*

ANÁLISE

Muitos líderes e empreendedores só adquirem noção do peso da liderança e da vanguarda quando se sentem ameaçados ou atacados. Nesses momentos, a tendência é se encolher e trancar as portas a sete chaves, acreditando que isso os protegerá das ameaças e dos ataques. Com isso eles limitam o acesso à informação a um pequeno grupo, geralmente, a assessores mais próximos. Esse, talvez, seja o maior erro que eles possam cometer, porque essa atitude lhes tira totalmente a perspectiva do que de fato está acontecendo a sua volta. Uma vez que um líder perde o contato com suas fontes, o isolamento cria todo tipo de fantasmas em sua mente, tornando-o, quase sempre, um paranoico fantasioso.

Em momentos de crise, quando você for atacado pela crítica, quando sofrer com ameaças e incertezas, resista à tendência de se encolher e desaparecer de cena. Nessas ocasiões você tem de mostrar sua cara mais do que nunca. Em vez de se retrair, precisa tornar-se ainda mais acessível. Você deve circular pelos corredores e pelas ruas mostrando tranquilidade e segurança. Mostrar sua força, indo de encontro a seus aliados, trazendo-os à luz. Procure velhos amigos e faça-os voltar à cena ao seu lado. Passe a frequentar círculos sociais onde você tem certeza de que encontrará apoio. Se necessário, crie fatos novos, introduza elementos coloridos à rotina das pessoas, para ofuscar prazerosamente sua visão e desviar a atenção daquilo que o ameaça.

ENTENDA: se você se isolar demais, perderá contato com as fontes que lhe dão o poder que sustenta sua liderança. Nunca se imagine tão forte e poderoso que possa dispensar o fluxo de comunicação e as conexões com sua base, seja ela qual for.

LEMBRE-SE: o poder sempre nos é dado pelas pessoas e ele só pode ser aumentado através do contato direto e estratégico com elas. Nenhum líder sobrevive por muito tempo no isolamento. E isso é perigoso.

Sendo assim, nunca perca conexão com o que acontece a sua volta, o que o deixaria sem informações indispensáveis para exercer o comando. Quando isso acontece, em vez de tornar-se mais seguro e tranquilo, você perde acesso a conhecimento indispensável para reverter a situação. Então, nunca se enclausure de tal forma que não consiga saber qual o assunto que se fala pelos corredores, no refeitório ou até mesmo nas esquinas da cidade.

Tenha sempre em mente que, na sua ausência, os rebeldes e os conspiradores crescem e tomam conta. Rumores se converterão em fatos, animosidades se transformarão em doutrinas. Sabotagens e conspirações se formarão sem que você perceba. Para evitar isso, você precisa estar adequadamente aberto a todos e o fluxo de informação não só deve ser estimulado, mas organizado e canalizado de forma que você seja o primeiro a saber de tudo o que está acontecendo a seu redor; sobretudo no que diz respeito ao seu círculo de poder.

Outro aspecto que deve ser compreendido pelos que desejam poder e prestígio é que quanto mais você circular entre as pessoas, mais elegante e empático se tornará. O isolamento, por outro lado, lhe conferirá uma aparência estranha, desajeitada, artificial, e os outros não se sentirão à vontade perto de você, tampouco, você, perto deles, o que o levará a um isolamento cada vez maior. E isso significa o fim de qualquer líder.

CAPÍTULO 19

DOS MOTIVOS PELOS QUAIS OS LÍDERES PERDEM SEUS POSTOS E COMO MANTÊ-LOS

DE O *PRÍNCIPE*

O príncipe que observar sabiamente as coisas menciona-das nos capítulos anteriores, mesmo que recém chegado ao poder, aparentará muito mais experiência e se tornará muito mais seguro no seu posto do que se estivesse nele há muito tempo.

É importante ter em mente que um príncipe novo é muito mais vigiado em suas ações do que um veterano. E quando as ações de um novato demonstram virtude, elas atraem e envolvem muito mais do que as de um príncipe tradicional já estabelecido no poder há mais tempo.

Isso ocorre porque as pessoas são muito mais presas e influen-ciadas pelo presente do que pelo passado. Quando o presente é bom, elas se mostram alegres e satisfeitas, esquecem o que passou e não se ocupam muito do que pode vir a acontecer. É provável que até defendam o príncipe se ele não falhar com suas promessas.

Ao agir assim, ele terá a dupla glória de ter fundado uma liderança nova e de vê-la ornada e fortalecida com novas leis e bons exemplos. O inverso de um príncipe tradicional que é despo-jado de seu posto e que terá a dupla vergonha por ter estado em um cargo de autoridade e ter perdido sua liderança pela falta de sabedoria e capacidade.

PODER & MANIPULAÇÃO

Se considerarmos aqueles senhores da Itália que perderam seus Estados, como o rei de Nápoles, o duque de Milão e outros, veremos que eles cometeram dois erros: primeiro, erraram em uma coisa muito comum quanto às armas, o que já discutimos anteriormente; depois, se verá que eles erraram ao permitir que se tornassem hostilizados pelo povo ou que não souberam neutralizar os grandes quando o povo os apoiou. Essas são, *grosso modo*, as principais razões pelas quais os governantes perdem seus postos.

O príncipe que não comete um desses dois erros, tendo um exército para colocar em marcha, dificilmente perdia seu Estado.

Felipe da Macedônia, por exemplo, não possuía territórios muito extensos, ainda mais se comparado à grandeza de Roma e da Grécia que o atacaram. Apesar disso, por ser um bom militar e homem que sabia agradar o povo e ainda manter o apoio dos grandes e poderosos, suportou uma guerra durante muitos anos contra os gregos e romanos. No final, mesmo perdendo algumas cidades, manteve o reino.

2.

> "Líderes que perderam seus postos depois de muitos anos no poder não podem acusar a falta de sorte como motivo dessa perda."

Portanto, príncipes que perdem seus postos depois de muitos anos no poder não podem acusar a falta de sorte como motivo dessa perda. Eles devem reconhecer que o motivo que os levou ao fracasso foi sua própria incompetência.

Isso se dá porque, durante os períodos de prosperidade, eles raramente se dão conta de que os ventos poderão mudar (é um defeito comum das pessoas, o de não se preocupar, durante a bonança, com as tempestades). E quando se deparam com os tempos adversos, em vez de enfrentá-los, pensam em fugir, esperando que algum dia, fatigado da insolvência dos vencedores, o povo os chame de volta.

Quando aquele que ocupou o trono falhar, esse recurso talvez até possa vir a ter algum proveito. Mas não é inteligente deixar de se prevenir e de criar outras estratégias para se manter no cargo por conta dessa esperança. Não é sábio desejar cair só porque acre dita que encontrará alguém que o levantaria. Isso não costuma suceder, mas quando acontece, a força que o reergueu não está em você, mas naquele que o levantou; e, sendo assim, você não teria segurança alguma, porque o seu meio de defesa não depende de você, é fraco e com ele você não deveria contar. Somente podem ser considerados bons, certos e duradouros os meios de defesa que dependem exclusivamente de você e do seu valor.

> "Não é sábio desejar cair só por acreditar que encontrarás alguém que te levante."

MAQUIAVEL
CAPÍTULO XXIV
Por que os príncipes da Itália perderam seus Estados

ANÁLISE

Um dos grandes problemas da maioria é não entender suas limitações. Em função disso, as pessoas vivem a vida praticamente ao acaso, passando meses, ou até mesmo anos, sem contemplar a sua situação e as possibilidades que têm pela frente. Esses indivíduos se mantêm condicionados ao presente, imaginando que terão saúde, energia e as mesmas relações sociais a vida inteira. Na sua imaginação, o amanhã sempre será melhor do que o hoje.

Tudo o que eles desejam é gratificação imediata em diferentes níveis. O entusiasmo pelos resultados os faz ver apenas as vantagens e os benefícios, a alegria e o orgulho, levando-os a ignorar completamente o esforço, os custos e as dificuldades que enfrentarão no processo de obtenção daquilo que desejam. Essas pessoas se consideram sonhadoras e parecem estar satisfeitas em apenas sonhar, porque isso lhes proporciona uma certa sensação de continuidade, uma certeza, uma impressão perene de esperança inacabável.

Mas elas se esquecem de uma coisa essencial: na vida, tudo é limitado. Nosso tempo, nossa energia, nosso poder, o suporte dos nossos amigos, os recursos que temos à disposição — tudo tem um limite. Ignorar esse detalhe transforma sonhos em fantasias. E gente que fantasia demais permanece pobre na realidade, porque se torna volúvel, sempre envolvida no mundo das possibilidades futuras. Há pouquíssimos indivíduos — e esses são os que estão no topo — que possuem a habilidade de pensar no futuro como um produto das suas ações do presente.

Para alcançar seus sonhos, você tem de tornar seu caminho mais seguro, criar uma visão de túnel e, para isso, deve ter consciência de que há coisas que você nunca terá, habilidades que nunca desenvolverá e desejos que jamais realizará. Apenas quando estiver certo disso você terá a capacidade de se concentrar naquilo que tem agora e usar esse recurso criativamente para aumentar seu poder em torno de seu potencial. Em geral, somos orientados a sonhar primeiro para depois tentar encontrar os meios de realizar esse sonho. Mas se você ponderar sobre sua vida, verá que essa é uma estratégia que raras vezes funciona. E o motivo disso é que confundimos sonhos com fantasias: promessas futuras que estão completamente desvinculadas da nossa realidade.

Se eu pudesse lhe dar uma sugestão, seria a seguinte: esqueça, por um momento, suas metas, seus planos e sonhos e concentre-se no que você de fato tem em mãos agora para começar a agir imediatamente. Não firme seus pés em sonhos, planos e ideias futuras, mas na realidade do presente. Faça, primeiro, um inventário de suas habilidades, do conhecimento prático que você possui, de suas relações sociais, de seu nível de poder e de seus recursos financeiros. Examine tudo em profundidade, por todos os ângulos possíveis, e deixe seus planos e sonhos emergirem desse processo de análise.

Quanto maior o seu desejo por uma conquista, mais tempo você precisará dedicar na avaliação dos custos e obstáculos que irá enfrentar em sua realização. Vá para além do entusiasmo inicial, olhe para além dos custos óbvios. Faça isso e você verá que sua perspectiva mudará completamente. Seus planos e sonhos serão mais realistas e terão uma base muito mais segura e, sentindo que sua base está segura, você verá emergir de si níveis de força, poder e criatividade que nem sequer imaginava possuir.

CAPÍTULO 20

DE COMO MEDIR A FORÇA DE UM LÍDER

DE O *PRÍNCIPE*

É conveniente, ao avaliar as qualidades de um príncipe, que se faça a seguinte consideração: se ele possui força para manter-se em pé por conta própria, se necessário, ou se ele demanda auxílio de terceiros. Para esclarecer bem esta parte, direi que é capaz de se conservar por conta própria aquele que possui poder e recursos suficientes para constituir um exército forte e enfrentar, sem causar danos próprios, qualquer tipo de adversidade interna ou externa provocada pelos seus inimigos e adversários.

Por outro lado, julgo precisar do auxílio de outros aqueles que não possuem recursos próprios para enfrentar as adversidades internas ou causadas pelos adversários e que dependem de auxílios externos para sobreviver em momentos de crise.

Do primeiro caso já falamos bastante e deixarei para acrescentar o que ainda for necessário para mais adiante. Já em relação ao segundo, não há muito o que fazer, exceto estimular o príncipe a se fortalecer, buscando parcerias com interesses comuns e criando economia própria para reforçar suas bases sem comprometer sua liberdade e seu poder. É importante esclarecer um

> "Aliados são importantíssimos, uma vez que as forças do líder não dependem dele."

ponto sobre os aliados: eles podem ser úteis e devem ser levados em conta, como vimos. Aliados são importantíssimos, desde que as forças do príncipe não dependam deles.

> "Sempre que um líder estiver fortalecido em suas bases e tiver aliados poderosos ao seu lado, terá o respeito de seus adversários e concorrentes, que controlarão seus ânimos e seu entusiasmo de enfrentá-lo."

Dito isso, convém reforçar que sempre que um líder estiver fortalecido em suas bases e tiver aliados poderosos a seu lado, terá o respeito de seus adversários e concorrentes, que controlarão seus ânimos e seu entusiasmo de enfrentá-lo. Quando alguém pensar em fazê-lo, o fará com hesitação, o que lhe dará enorme vantagem para firmar sua posição ainda mais.

As pessoas costumam sentir-se desmotivadas e são lentas para agir mediante tarefas que lhe parecem difíceis. E nunca parecerá ser fácil enfrentar um adversário que reina sozinho num determinado segmento ou nicho; ainda mais se, além de força própria, ele tem ao seu lado aliados igualmente fortes. Quando isso ocorre, a pessoa está livre para agir de acordo com suas virtudes e seus desejos.

2.

As cidades da Alemanha são extremamente livres. E apesar de terem pouco território, elas apenas obedecem ao imperador quando desejam e não têm medo dele nem de nenhum poderoso que viva ao redor. E por elas serem protegidíssimas e muito bem preparadas, qualquer um entende que atacá-las seria uma missão difícil, lenta e árdua.

Elas têm valas profundas e muros apropriados ao seu entorno; ainda possuem boa artilharia e os celeiros públicos estão sempre repletos de comida, bebida e combustível com capacidade de manter a cidade por pelo menos um ano.

Além disso, para evitar que o povo fique desocupado em caso de ataque, é guardada em seus depósitos matéria-prima suficiente para manter a vida industrial – assim seus ferreiros, marceneiros, artesãos e outros trabalhadores se manterão em plena atividade por cerca de um ano.

Por outro lado, essas cidades também apreciam enormemente os exercícios militares e há uma série de dinâmicas, exercícios e esportes que as mantém ativas e em pleno funcionamento o tempo todo.

Desse modo, essas cidades raramente são atacadas. E quando isso acontece, o atacante retorna de cabeça baixa, com o peso da derrota sobre as costas. Pois é quase impossível alguém atacar uma cidade dessas e manter o ataque por um ano sem se enfraquecer; assim, torna-se vulnerável e presa fácil daquele a quem atacou.

Talvez alguém possa argumentar que as pessoas têm seus afazeres fora dos muros da cidade e, por isso, quando veem a ameaça próxima, logo tornam-se angustiadas e inseguras e não terão o comprometimento e a disciplina necessários para se manterem fiéis ao príncipe e, por isso, não hesitarão em abandoná-lo. A estes, eu diria que um príncipe forte e bem preparado superará esse obstáculo dando aos seus seguidores a esperança de que a adversidade não se prolongará; fazendo com que eles temam a crueldade do agressor; e ainda conservando para si os que parecem mais assustados. Se o príncipe agir dessa forma, verá que uma vez decorridos alguns dias os ânimos em torno do adversário irão esmorecer. Ao perceber isso, o povo se unirá ainda mais em torno do príncipe, pois saberá que mesmo no momento mais difícil ele se manteve firme e forte e verá que ele está estruturado sobre bases sólidas e que, dificilmente, haverá alguém maior do que ele.

MAQUIAVEL
CAPÍTULO X
Como devem ser medidas as forças de todos os principados

ANÁLISE

Se olhar a sua volta, você verá que a maioria das pessoas é muitíssimo tímida. Os seres humanos agem, estritamente, dentro dos limites da normalidade porque temem a opinião dos outros. Não querem ser rotulados de atrevidos, ousados ou audaciosos. Além disso, temem cobranças e humilhações caso anunciem seus projetos e venham a fracassar em suas tentativas. Então, preferem manter seus desejos mais audazes adormecidos em esperanças futuras. Com isso, sentem-se confusos e perdidos em suas ações. Muitos até têm enormes virtudes e grande capacidade e, com um pouco de ousadia, poderiam fazer coisas extraordinárias, mas acabam não fazendo nada. Sua falta de coragem se torna um peso. Sem ousadia, não definem objetivos grandiosos para si, e sem objetivos, vivem distraídos, tornando-se presas fáceis do tempo e das circunstâncias.

Como vive um tímido? Ele sofre com o medo de arriscar demais e, talvez, fracassar. Diante dessa possibilidade, corre o risco de não realizar seus sonhos por se sentir aflito com o temor de não ser nada, de viver no vácuo do fracasso. Então, ele se esconde na timidez para escapar do perigo de não conseguir, de não ser bem-sucedido, de não alcançar, de não ser algo. Para fugir do medo de não tornar-se o que gostaria de ser, ele se esconde no vazio, na insignificância, no temor e na solidão da timidez. Deixa de arriscar temendo perder aquilo que nem mesmo é dele.

Se você deseja viver uma vida plena, decida-se a parar com isso agora mesmo! Entenda: pessoas que se destacam são audaciosas. Elas estabelecem objetivos grandiosos sobre suas habilidades e, depois, se envolvem plenamente com a missão de desenvolvê-las ao extremo para poder realizar seus propósitos. Por saberem o que querem e por irem atrás disso, elas são mais seguras, convencem mais e conquistam mais. A determinação, a disciplina, o foco e o empenho organizado em torno de uma causa específica multiplicam suas forças e lhes dão um tremendo poder. Sua coragem intimida seus adversários. E a ousadia em torno de suas metas as faz parecer mais poderosas do que de fato são.

Pense em Marting Luther King Jr., Ghandi ou Madre Teresa — todos tinham uma causa específica, grandiosa e ousada. E todos eles construíram sua liderança em torno dela. Se você deseja se destacar, desenvolver poder e criar segurança, comece com essas duas ações:

> - Elimine a timidez da sua vida. Seja ousado, atrevido e audacioso.
>
> - Resista à tentação de fazer uma série de coisas ao mesmo tempo acreditando que uma delas lhe trará sucesso. É melhor escolher uma única causa, algo grandioso e ousado, que dê sentido a sua vida, e se dedicar integralmente a ela com audácia para o resto de sua vida. Com o tempo, isso lhe trará enorme poder e as pessoas começarão a se reunir a sua volta, somando-se a sua causa. E o sucesso virá como consequência.

A coragem, assim como a timidez, não é uma coisa genética. Elas são resultado de hábitos. A partir de hoje, pare de se esconder na timidez para fugir da timidez. Treine-se para ser ousado, corajoso e atrevido com seus planos. Comece com atitudes pequenas, como a valorização do seu trabalho. Quantas vezes, por timidez, você já deixou de cobrar por um serviço ou até mesmo cobrou muito pouco? Por menor que esse serviço seja, você não deveria dar de graça a única coisa que tem para vender.

LEMBRE-SE: tudo é uma questão de ponto de vista. Se você é bom em algo, não o faça de graça por medo de desapontar a outra pessoa. Valorize-se. Primeiro, dê o melhor de si, depois, cobre um valor acima do preço de mercado, e logo você perceberá que será valorizado como alguém muito acima do mercado.

AGORA, VÁ À LUTA!
POIS, APESAR DE TUDO, VIVER VALE A PENA.
E MUITO!

NOTAS

SOBRE A TRADUÇÃO E ADAPTAÇÃO DOS TEXTOS DE O PRÍNCIPE, DE MAQUIAVEL

Aos estudiosos da obra de Maquiavel, quero esclarecer que este livro não possui como objetivo servir de estudo filosófico ou como pesquisa histórica sobre a obra original do filósofo. Meu propósito, com Poder e Manipulação, *é puramente oferecer ao leitor contemporâneo, numa linguagem mais adequada aos nossos dias, a compreensão dos conceitos mais relevantes deste clássico da literatura universal. Neste sentido, em alguns casos, foi necessário colocar o texto em termos mais simples, sacrificando um pouco a eloquência e o estilo clássico e erudito da maioria das versões tradicionais de* O Príncipe.

Em algumas passagens, inclusive, fez-se necessário abandonar o texto tradicional, distanciando-se dele para fazer uma versão, colocando-o em termos completamente novos. Por isso, aos admiradores e estudiosos do texto tradicional de Maquiavel, peço para que entendam minha intenção e perdoem minha ousadia e presunção de libertar este clássico da complexidade de seu contexto original, adequando-o ao que considero serem as necessidades do nosso tempo. A quem interessar, a seguir, apresento um detalhamento do que fiz em cada capítulo:

CAPÍTULO 1

DAS RAZÕES PELAS QUAIS UM LÍDER É LOUVADO OU REPUDIADO

Essa lição foi extraída e adaptada do capítulo XV da versão tradicional chamado "Das razões pelas quais os homens e, sobretudo, os príncipes são louvados ou vituperados". *Não houve cortes significativos. O texto deste capítulo foi traduzido quase integralmente, sendo apenas adaptado para uma linguagem mais contemporânea.*

CAPÍTULO 2

DO PAPEL DA SORTE NAS COISAS HUMANAS E COMO MUDÁ-LO

Essa lição é praticamente o texto integral do capítulo XXV chamado "De quanto pode a sorte nas coisas humanas e de que maneira se deve resistir". *Apenas foi cortada uma breve história sobre o papa Júlio que, na minha opinião, em nada contribui para o objetivo aqui proposto. Na história, Maquiavel conta que o papa sempre agiu impulsivamente e que obteve sucesso porque seu reinado foi breve e as circunstâncias eram favoráveis para este tipo de ação. Mas, caso vivesse mais tempo, teria fracassado, pois, segundo Maquiavel, o Papa jamais conseguiria mudar sua impulsividade.*

CAPÍTULO 3

DO QUE FAZER PARA OBTER PRESTÍGIO E SER BENQUISTO

A parte de Maquiavel refere-se ao texto integral do capítulo XXI de O Príncipe, "O que um príncipe deve realizar para ser estimado".

CAPÍTULO 4

DA QUESTÃO ECONÔMICA - QUANDO SE DEVE SER GENEROSO OU SOVINA

O título da versão tradicional é "Da liberalidade e da parcimônia" *e representa o capítulo XVI. Ao longo do texto, usei a palavra liberalidade por seu sinônimo: generosidade; e parcimônia por sovina. Não houve cortes.*

CAPÍTULO 5

DA CRUELDADE E DA PIEDADE - SE É PREFERÍVEL SER AMADO OU TEMIDO

Representa o texto integral do capítulo XVII "Da crueldade e da piedade – se é preferível ser amado ou temido" *da versão tradicional.*

CAPÍTULO 6
DA INTEGRIDADE - QUANDO E DE QUE MANEIRA SE DEVE MANTER A PALAVRA

A lição de Maquiavel deste capítulo representa o texto integral do capítulo XVIII da versão tradicional de O Príncipe, *chamado* "De que maneiras devem os príncipes guardar a fé na palavra empenhada".

CAPÍTULO 7

DAS COISAS QUE SE DEVE EVITAR: ÓDIO E DESPREZO

Esta lição foi extraída do capítulo XIX, "De como se deve evitar ser desprezado e odiado". *Neste capítulo, Maquiavel faz ainda uma ampla e interessante análise da França de 1.500, assim como do comportamento e das estratégias de uma série de imperadores romanos. Contudo, decidi não incluí-la por fugir do objetivo principal aqui proposto e especificado na introdução.*

CAPÍTULO 8

DOS ASSESSORES E ASSISTENTES

A lição de O Príncipe *deste capítulo foi extraída do capítulo XXII da versão tradicional, chamado* "Dos ministros dos príncipes". *Foram feitas pequenas edições, mas não houve cortes.*

CAPÍTULO 9

DE COMO ESCAPAR DOS BAJULADORES

Este capítulo traz o texto integral do capítulo XXIII de O Príncipe, "De como se evitam os aduladores". *Não foram feitos cortes, apenas pequenas edições para deixar o texto mais contemporâneo.*

CAPÍTULO 10

DA FIDELIDADE DAQUELES QUE NOS AJUDAM A CONQUISTAR O PODER

Esta lição foi extraída do capítulo III do clássico de Maquiavel, intitulado "Dos principados mistos", *um dos capítulos mais longos de* O Príncipe. *Nele, Maquiavel discursa sobre como manter o poder em um Estado Misto, conceito usado, em geral, para se referir ao príncipe que é membro de um Estado hereditário e que ocupa um principado novo. O tema é totalmente circunstancial, ligado a Itália de 1.500, e não vejo contexto onde as análises e estratégias que Maquiavel utiliza para manter um Estado Misto poderiam ser aplicadas nos dias atuais. Contudo, há dois conceitos que acreditei serem importantes trazer à luz, que são os pontos 1 e 2 que pincei no capítulo. Contudo, sugiro que o leitor mais exigente e interessado no contexto histórico da obra leia e examine o capítulo III de uma versão tradicional.*

CAPÍTULO 11
DAS ALIANÇAS E APOIOS - QUANDO ALIADOS SÃO BENÉFICOS OU NÃO

A lição que apresento aqui foi extraída do capítulo XX de O Príncipe, intitulado "Se as fortalezas e muitas outras coisas que a cada dia são feitas pelos príncipes são úteis ou não". *Em função dos cortes e das edições, para uma compreensão histórica do texto de Maquiavel, sugiro que o leitor interessado leia o capítulo completo e original de uma das traduções.*

CAPÍTULO 12

DOS TIPOS DE LIDERANÇA E DAS SUAS VANTAGENS E DESVANTAGENS

Esta lição foi extraída do capítulo IV, onde Maquiavel analisa "Por que razão o reino de Dário, ocupado por Alexandre, não se rebelou contra seus sucessores" *que também é o título do capítulo na maioria das traduções em língua portuguesa.*

CAPÍTULO 13

DOS QUE ALCANÇAM O PODER PELA POPULARI-DADE

Extraído do capítulo IX, "Do principado civil", esta lição compreende uma pequena parte do texto original. Na maior parte deste capítulo, Maquiavel analisa as origens e as características do principado civil da Itália de sua época. Praticamente toda essa análise foi omitida. Aos interessados no contexto histórico do livro, sugiro que leiam o capítulo completo de uma das versões tradicionais do original.

CAPÍTULO 14

DOS QUE ALCANÇAM O PODER POR MEIOS INJUSTOS E CORRUPTOS

Esta lição refere-se a parte do capítulo VIII da versão tradicional chamado "Dos que alcançaram o principado pelo crime". Assim como no capítulo anterior, quem quiser conhecer o contexto histórico analisado por Maquiavel neste capítulo deve procurar uma versão tradicional de O Príncipe.

CAPÍTULO 15

DOS QUE ALCANÇAM O PODER PELA SORTE OU PELA FORÇA ALHEIA

Extraído do capítulo VII, "Dos principados novos que se conquistam com armas e virtudes de outrem". Nele, além da lição que extraí, Maquiavel faz um longo relato sobre César Bórgia, filho do papa Alexandre VI, que decidi omitir por ser um evento histórico muito distante de nossa realidade e que, ao meu ver, muito pouco enriqueceria o objetivo desta versão.

CAPÍTULO 16
DA VULNERABILIDADE DAQUELES QUE SE SUS-TENTAM COM FORÇAS ALHEIAS

Esta lição é uma edição de parte do capítulo XIII, "Das milícias auxiliares, mistas e do próprio país", onde Maquiavel analisa os tipos de tropas da Itália de seu tempo. A maior parte desta análise foi omitida, trazendo para esta versão apenas o que, na minha opinião, com certas adaptações, remanesce aplicável aos dias atuais, uma vez que raramente se encontrem sociedades com esse tipo de contexto.

CAPÍTULO 17
DA COMPETIÇÃO - O DEVER PRINCIPAL DE QUEM QUER O PODER

Assim como nos capítulos anteriores, extraída do capítulo XIV, "Dos deveres do príncipe para com suas tropas", esta lição apresenta o essencial do texto de Maquiavel, com cortes e pequenas edições para manter o texto em sintonia com uma linguagem atual.

CAPÍTULO 18
DOS RISCOS E DAS DIFICULDADES QUE EXISTEM NA IMPLANTAÇÃO DE MUDANÇAS

O texto faz parte do capítulo VI, "Dos principados novos que se conquistam pelas armas e nobremente". Mantive praticamente todo o texto original, exceto um corte de dois parágrafos ao final do capítulo onde Maquiavel usa dois exemplos para ilustrar seus conceitos: o do Frei Girolamo Savonarola e do Hierão de Siracusa.

CAPÍTULO 19

DOS MOTIVOS PELOS QUAIS OS LÍDERES PERDEM SEUS POSTOS E COMO MANTÊ-LOS

Esta lição é uma adaptação do capítulo XXIV de O Príncipe, *geralmente traduzido como:* "Por que os príncipes da Itália perderam seus Estados". *Embora o texto tradicional tenha um foco específico na análise dos príncipes que governaram principados na Itália do tempo de Maquiavel, há importantes lições neste capítulo. Contudo, foram necessárias pequenas adaptações para dar um direcionamento maior na compreensão do texto dentro de um contexto atual. Para uma interpretação histórica literal, sugiro a leitura do capítulo em uma versão tradicional de* O Príncipe.

CAPÍTULO 20

DE COMO MEDIR A FORÇA DE UM LÍDER

Aqui, trago o texto integral do capítulo X, "Como devem ser medidas as forças de todos os principados".

REFERÊNCIAS BIBLIOGRÁFICAS

GRUPPI, Luciano. *Tudo começou com Maquiavel*. Trad. Dario Canali. Porto Alegre: LPM, 1990.

VIROLI, Maurizio. *Redeeming The Prince - The meaning of Machiavelli's masterpiece*. Princeton: Princeton University Press, 2014.

_____. *Niccoló's Smile*. Nova York: Hill & Wang, 2000.

REBHORN, Wayne. *Foxes and Lions: Machiavelli's Confidence Men*. Ithaca: Cornel, 1988.

FERRY, Luc. *Aprender a viver - Filosofia para os novos tempos*. Trad: Véra Lucia dos Reis.Rio de Janeiro: Objetiva, 2006.

KRISHNAMURTI, Judy. *Freedom from the Know*. Nova York: HarperCollins, 1969.

LE GOFF, Jacques. *História e Memória*. Campinas: Unicamp, 2003.

NIETZSCHE, Friedrich W. *Além do bem e do mal*. Trad. Lilian Salles Kump. São Paulo: Centauro, 2006.

_____. *Crepúsculo dos ídolos*. Trad. Paulo César de Souza. São Paulo: Companhia das Letras, 2006.

ZUN TZU. *A arte da guerra*. Trad. Henrique Amat Rêgo Monteiro. São Paulo: Clio Editora, 2012.

McALPINE, Alistair. *The new Machiavelli - The art of politics in business*. Nova York: John Wiley & Sons, 2000.

VOLTAIRE. *Dicionário filosófico*. Trad. Líbero Rangel de Tarso. São Paulo: Antena Editora, s/ano.

BLOODWORT, Dennis & CHING, Pig. *The chinese Machiavelli*. Nova York: Hill & Wang,1976.

POPPER, Sir Karl R. *A sociedade aberta e seus inimigos.* Trad. Milton Amado. São Paulo: Universidade de São Paulo, 1987.

CÍCERO. *Dos deveres.* Trad. Alex Marins. São Paulo: Martin Claret, 2002.

SCHLENDER, Brent & TETZEL, Rick. *Becoming Steve Jobs.* Nova York: Crown, 2015.

McRANEY, David. *You are so smart.* Nova York: Gotham Books, 2012.

MAQUIAVEL, Nicolau. *O Príncipe.* Trad. Antonio Caruccio-Caporale. Porto Alegre: LPM, 2015.

SENGER, Harro von. *The book of stratagems.* Nova York: Penguin, 1979.

GOULD, Stephen Jay. *The Hedgehog, the fox and the magister's pox.* Nova York: Three Rivers Press, 2003.

CIALDINI, Robert B. *As armas da persuasão - Como influenciar e não se deixar influenciar.* Trad. JMT Editores ltda. Rio de Janeiro: Sextante, 2012.

LEDEEN, Michael A. *Machiavelli on modern leadership.* Nova York: Truman Talley Books, 1999.

MENSAGEM AO LEITOR

Obrigado, caro leitor, por se aventurar comigo nessa experiência fascinante de compreender melhor a natureza do ser humano e o contexto em que ele vive.

Escrever esse livro foi um desafio enorme para mim. Por ter consciência da grandiosidade de *O Príncipe*, enquanto escrevia esta obra, por vários momentos, sentia-me extremamente vulnerável e inseguro. Trabalhar sobre a estrutura de um monumento literário como *O Príncipe* parecia um perigo, uma ameaça enorme. O que dirão os críticos? Meus colegas filósofos? Os tantos estudiosos da obra de Maquiavel? Essas perguntas me torturavam porque não queria escrever algo acadêmico, catedrático. Não queria escrever um livro para os estudiosos do filósofo, queria escrever um livro comum, para o leitor comum. Pessoas que, talvez, não tenham a vocação, o tempo ou a paciência para se debruçar por anos sobre um único livro para tentar compreendê-lo. Como escritor e estudioso, sempre achei que era meu compromisso fazê-lo para o leitor. Como pesquisador, sempre senti que essa era minha missão: limpar a obra de suas partes chatas, temporais, e oferecer ao leitor algo prático que ele pudesse compreender numa leitura rápida de aeroporto.

Foi essa ideia que me deu a coragem e a liberdade de não me preocupar com as opiniões dos estudiosos do assunto, e compor um livro que valorizasse, acima de tudo, a compreensão clara das grandes ideias e estratégias de Maquiavel, em um livro direto, franco e prático.

Por tudo isso, ter sua opinião é importante para mim. Caso tenha algo a dizer, envie-o para meu e-mail:
jacob.petry@gmail.com.

Você também pode se conectar comigo através da minha *fanpage*, onde faço amplas discussões sobre os temas dos meus livros.

Conecte-se comigo curtindo:
<www.facebook.com/jacobpetrybrasil>.

Um grande abraço.

Jacob Petry
Nova York, primavera de 2016

ASSINE NOSSA NEWSLETTER E RECEBA
INFORMAÇÕES DE TODOS OS LANÇAMENTOS

www.faroeditorial.com.br

ESTA OBRA FOI IMPRESSA
EM JUNHO DE 2025